はじめに

月次祭《つきなみさい》の神殿講話《しんでんこうわ》として、一章《しょう》ずつお話《はな》ししたものを取《とり》まとめて、一本《ぽん》としました。

本天理教《ほんてんりきょう》 教祖伝《きょうそでん》の要約《ようやく》に若干《じゃっかん》の自分《じぶん》の悟《さと》りを附加《ふか》したものです。

何等《なんら》かの参考《さんこう》にしていただけば幸甚《こうじん》です。

昭和三十六年四月十八日

筆者しるす

教祖伝講話

目次

教《きょう》祖《そ》伝《でん》講《こう》話《わ》

深《ふか》谷《や》忠《ただ》政《まさ》

第一章

まことにとどきませんが、これから教祖伝《きょうそでん》のかどめを順《じゅん》を追《お》うてお話《はな》しいたしまして、共々《ともども》に理《り》の研究《けんきゅう》をさしていただきたいと存《ぞん》じます。

我々《われわれ》お道《みち》の者《もの》にとりまして、日々《にちにち》教祖《おやさま》のひながたを真剣《しんけん》に通《とお》らしていただくことが最《もっと》も大切《たいせつ》なことは今更申《いまさらもう》すまでもございません。

おさしづ（明治二二・一一・七）の中《なか》にも、

〝ひながたの道《みち》を通《とお》らねばひながた要《い》らん。ひながたなおせばどうもなろうまい。これをよう聞《き》き分《わ》けて、何処《どこ》から見《み》ても成程《なるほど》やというようにしたならば、それでよいのや〟

とおおせになっております通《とお》り、常《つね》に我々《われわれ》はひながたの道《みち》を自分《じぶん》の足《あし》で歩《あゆ》ましていただくことが、お道《みち》の者《もの》としては一日《にち》も忘《わす》れてはならんことでありまして、

第一章

〝どんな者《もの》でも、ひながた通《どお》りの道《みち》を通《とお》りた事《こと》なら、皆《みな》ひながた同様《どうよう》の理《り》に運《はこ》ぶ〟

（同前《どうぜん》）

と仰《おお》せくださいますお言葉《ことば》をしっかり心《こころ》に置《お》いて、ひながたを真剣《しんけん》にたどらしていただかなければなりません。

さて、稿本天理《こうほんてんり》教祖伝第《きょうそでんだい》一章《しょう》は「月日のやしろ」であります。

即《すなわ》ち、中山《なかやま》みき様《さま》が月日のやしろ、つまり天理教《てんりきょう》教祖《きょうそ》となられた時《とき》の状況《じょうきょう》が書《か》いてあります。別《べつ》のことばでいうと、天理教立教《てんりきょうりっきょう》の日《ひ》の状況《じょうきょう》、即《すなわ》ち元《もと》一日《にち》の事情《じじょう》が書《か》いてあります。

天保《てんぽう》九年《ねん》十月《がつ》二十六日朝《にちあさ》五ツ刻《どき》中山《なかやま》みき様《さま》は月日のやしろとなられるのでありますが、それは全《まった》く人間《にんげん》にとっては意外《いがい》のことでありました。

しかし親神様《おやがみさま》には予定《よてい》のことがらでありまして、既《すで》に一年前《ねんまえ》の天保《てんぽう》八年《ねん》十月《がつ》二十六日《にち》、十七歳《さい》の長男《ちょうなん》秀司様《しゅうじさま》の左《ひだり》の足《あし》のおていれより深《ふか》い思惑《おもわく》は表《あらわ》れているのであります。

そして一年間《ねんかん》に九度《ど》も寄加持《よせかじ》をしていられるのであります。

現在我々《げんざいわれわれ》がおさづけをいただくのに毎月《まいつき》一回《かい》、九度《ど》の席《せき》を運《はこ》ぶのでありますが、このことと九度《ど》の寄加持《よせかじ》ということを思《おも》い合《あ》わすと何《なん》だかうなずけるものがあります。その上《うえ》でこの道《みち》をはじめられたのであります。親神《おやがみ》様《さま》は繰返《くりかえ》し繰返《くりかえ》しお仕込《しこ》みくださっているのであります。

お道《みち》のはじまる時《とき》のこうした状況《じょうきょう》は、又我々《またわれわれ》の入信《にゅうしん》の時《とき》の状況《じょうきょう》と相通《あいつう》ずるものがあるのでありまして、我々《われわれ》は勝手《かって》に或《あるい》は偶然《ぐうぜん》に、或《あるい》はしょうことなしに入信《にゅうしん》したと思《おも》っておりますが、これは全《まった》く違《ちが》うのでありまして、深《ふか》い親神様《おやがみさま》の御思召《おんおぼしめし》があってこの道《みち》に引《ひ》きよせられたのであります。

決《けっ》して偶然《ぐうぜん》ではありません。

この世《よ》は理《り》でせめた世界《せかい》であります。

我々《われわれ》には偶然《ぐうぜん》と思《おも》うことも、親神様《おやがみさま》から御覧《ごらん》になれば皆成《みなな》って来《く》るのが天《てん》の理《り》でありまして、深《ふか》い思惑《おもわく》あってのことであります。

我々《われわれ》お道《みち》の者《もの》は深《ふか》い親神様《おやがみさま》の思惑《おもわく》があって、引寄《ひきよ》せられているのだといういんねんの

第一章

自覚《じかく》が大切《たいせつ》であります。

自分達《じぶんたち》の周囲《しゅうい》の人《ひと》を見《み》て、あの人《ひと》もこう、この人《ひと》もこうと思《おも》い、自分《じぶん》もあの人《ひと》のようにこの人《ひと》のようにと思《おも》うのが人間《にんげん》のつねでありますが、人《ひと》は皆《みな》それぞれいんねんが違《ちが》うのであります。

我々《われわれ》はこの道《みち》にひきよせられたいんねんを自覚《じかく》し、迷《まよ》ったり、疑《うたが》ったり、いずんだり、はずれたりすることなく、ただ一條《ひとすじ》に親神様《おやがみさま》のお教《おし》え通《どお》り、通《とお》らせていただくことが大《たい》切《せつ》であります。

〝なんでもこれからひとすぢに　かみにもたれてゆきまする〟

というひたむきの信仰《しんこう》は、はっきりとしたいんねんの自覚《じかく》の上《うえ》にこそ、はじめてできるのであります。

「天保《てんぽう》九年《ねん》十月《がつ》二十三日《にち》、夜《よる》四ッ刻《どき》（午後《ごご》十時頃《じごろ》）、秀司《しゅうじ》の足痛《あしいた》に加《くわ》えて、善兵衛《ぜんべえ》は眼《め》、みきは腰《こし》と三人揃《にんそろ》うての悩《なや》みとなった。」

とあります。

お道《みち》のそもそもが、いよいよ中山家《なかやまけ》の主《おも》な方々《かたがた》の身上《みじょう》からはじまるのであります。

長男秀司様《ちょうなんしゆうじさま》が左足《ひだりあし》の関節炎《かんせつえん》ということは、身上《みじょう》のさとしから申《もう》しますと、左《ひだり》は手《て》びきであり、足《あし》は歩《ある》くもので、素直《すなお》に親神様《おやがみさま》の思召《おぼしめし》を実行《じっこう》せよということとも、さとらしていただけます。

又《また》、夫善兵衛様《おっとぜんべえさま》の眼《め》のおていれは、眼《め》でいろいろ周囲《しゅうい》の人《ひと》の顔色事情《かおいろじじょう》を見《み》て、先案《さきあん》じするなということとも、さとらしていただけます。

又《また》みき様腰《さまこし》のおていれは〝本腰《ほんごし》を入《い》れる〟とか〝腰《こし》をすえる〟という言葉《ことば》がありますが、腰《こし》は土台《どだい》でありまして、世界《せかい》だめの教の教祖《おやさま》となられるお方《かた》、この道《みち》の土台《どだい》となられるお方《かた》にふさわしいおていれと申《もう》せましょう。

これ等《ら》三人《にん》の方《かた》のおていれの中《なか》にも、それぞれのいんねんを見《み》わけての深《ふか》い親神様《おやがみさま》の思召《おぼしめし》をさとることができましょう。

みき様《さま》を月日のやしろに貰《もら》いうけたいという親神様《おやがみさま》の思召《おぼしめし》をおことわりされると、みき様《さま》の様子《ようす》は一変《ぺん》し、言葉《ことば》も一段《だん》と激《はげ》しく、

第一章

「誰《だれ》が来《き》ても神《かみ》は退《しりぞ》かぬ。今《いま》は種々《いろいろ》と心配《しんぱい》するは無理《むり》でないけれど、二十年《ねん》三十年《ねん》経《た》っ
たなれば、皆《みな》の者成程《ものなるほど》と思《おも》う日《ひ》が来《く》る程《ほど》に。」
と命《めい》ずるように、諭《さと》されたのに対《たい》して、
「人間《にんげん》の我々《われわれ》は、とても二十年《ねん》も三十年《ねん》も待《ま》っている訳《わけ》には参《まい》りません。」
と答《こた》えておられるのであります。
この問答《もんどう》は現在《げんざい》の我々《われわれ》もつねに繰返《くりかえ》すことであります。
お道《みち》を通《とお》らしていただくのに最初《さいしょ》は苦労《くろう》であります。
私《わたし》が申《もう》す迄《まで》もなく既《すで》に皆様方《みなさまがた》が御経験《ごけいけん》ずみのことであります。
しかし、二十年《ねん》も三十年《ねん》もその苦労《くろう》はつづくものではありません。
おさしづに五十年《ねん》の苦労《くろう》と申《もう》せば、それは教祖《おやさま》のひながたであり、又《また》三十年《ねん》の苦労《くろう》と
申《もう》せばそれは本席様《ほんせきさま》の道《みち》すがらであります。
魂《たましい》に徳《とく》のない者《もの》は、五十年《ねん》も三十年《ねん》も苦労《くろう》しようと思《おも》っても苦労《くろう》はできません。
親神様《おやがみさま》は全《まった》く見抜《みぬ》き見透《みとお》しであられるのでありまして、この者《もの》にはこれだけの苦労《くろう》が

できるということを御承知《ごしょうち》の上《うえ》で、苦労《くろう》の道《みち》を通《とお》させられるのであります。

我々《われわれ》の親神様《おやがみさま》は決《けっ》してできないことをせよ、とはおっしゃらんのであります。一生懸命丹精《しょうけんめいたんせい》すれば通《とお》れるから、そうした苦労《くろう》の道《みち》をおあたえくださるのでありま す。

その苦労《くろう》によって、これは仕込甲斐《しこみがい》があると思《おも》われるからこそ、苦労《くろう》の道《みち》をおあたえくださるのであります。

仕込甲斐《しこみがい》のない者《もの》には、苦労《くろう》をあたえられることはないのであります。

学校《がっこう》にたとえて申《もう》しますと、小学校《しょうがっこう》はやさしい、授業料《じゅぎょうりょう》もいりません。

しかし、だんだんすすみまして大学《だいがく》にはいると、勉強《べんきょう》はむつかしいし授業料《じゅぎょうりょう》も高《たか》い。

お道《みち》の信仰《しんこう》もこれと同様《どうよう》、小学校程度《しょうがっこうていど》の方《かた》もあり、大学程度《だいがくていど》の方《かた》もあります。

むつかしい道《みち》を通《とお》らしてもらい、うんと御供《おそなえ》をさしていただける方《かた》は、お道《みち》の大学生《だいがくせい》であります。

我々《われわれ》は苦労《くろう》を喜《よろこ》ばしてもらわんならん。こうした人《ひと》は進歩向上《しんぽこうじょう》する人《ひと》であります。

〃つくし三年《ねん》、運《はこ》び三年《ねん》、理《り》の三年《ねん》、道《みち》あら〳〵十年《ねん》〃とおきかせいただいていますが、普通《ふつう》の者《もの》では、十年《ねん》も苦労《くろう》できれば上等《じょうとう》であります。

これが標準《ひょうじゅん》で、これ以上苦労《いじょうくろう》が出来《でき》れば魂《たましい》が上等《じょうとう》とさとらしていただいてよいのであります。

又《また》それが真《しん》の陽気ぐらしであります。

親神様《おやがみさま》の仰《おお》せを素直《すなお》におうけできないでいると、

「元《もと》の神《かみ》の思《おも》わく通《どお》りするのや、神《かみ》の言《い》う事承知《ことしょうち》せよ。聞《き》き入《い》れくれた事《こと》ならば、世《せ》界《かい》一列救《れつたす》けさそ。もし不承知《ふしょうち》とあらば、この家《いえ》、粉《こ》も無《な》いようにする。」

と、みき様《さま》は無我《むが》の境《きょう》に、ひたすら元《もと》の神《かみ》の思召《おぼしめし》を伝《つた》えられるのであります。

実《じつ》にきびしいお言葉《ことば》であります。

世界《せかい》一列救《れつたす》けするか、家《いえ》を粉《こ》も無《な》いようにするか、「イエス」か「ノー」かと、きっぱりした思《おも》いきりを要求《ようきゅう》していられるのであります。

〃思《おも》い切《き》る理《り》がいいんねん切《き》る理《り》〃

とお聞《き》かせくださるように、信仰《しんこう》の秘訣《ひけつ》は、「思《おも》い切《き》り」決断《けつだん》であります。

三日《か》間《かん》親神様《おやがみさま》と人間《にんげん》とのすったもんだの問答《もんどう》がつづきましたが、この間《あいだ》みき様《さま》は何《なに》も召上《めしあが》らず、緊張《きんちょう》と疲労《ひろう》の色《いろ》は濃《こ》く、このままでは一命《めい》も気《き》づかわれる様子《ようす》になられたので、遂《つい》に、夫様《おっとさま》は事《こと》ここに至《いた》ってはお受《う》けするより他《ほか》に途《みち》は無《な》い、と思《おも》い定《さだ》め、二十六日朝《にちあさ》五ツ刻《どき》（午前《ごぜん》八時頃《じごろ》）堅《かた》い決心《けっしん》の下《もと》に、

「みきを差上《さしあ》げます。」

と御返答《ごへんとう》なさったのであります。

この尊《とうと》い「決断《けつだん》」によりお道《みち》が生《う》まれて来《き》たのであります。我々《われわれ》はこのひながたを忘《わす》れてはなりません。

日々信仰《にちにちしんこう》さしていただく上《うえ》に決断《けつだん》が大切《たいせつ》であります。

決断《けつだん》というと大層《たいそう》に聞《き》こえますが、毎朝起《まいあさお》きる時《とき》、朝《あさ》づとめの時間《じかん》はせまったが眠《ねむ》いなあ、起《お》きようかどうしようか、やめとこか等《など》、心《こころ》がよろめきますが、その時《とき》パッと思《おも》い切《き》って起《お》きる。それが思《おも》い切《き》る理《り》の第《だい》一歩《ぽ》です。

第一章

我々《われわれ》の日々《にちにち》の信仰生活《しんこうせいかつ》は、正《まさ》に思《おも》い切《き》りにはじまると申《もう》してよいのであります。

今日《きょう》はおたすけに行《い》こうかどうしようか。

これ御供《おそな》えしようかどうしようか。

上級《じょうきゅう》に運《はこ》ばしてもらおうかどうしようか。

おぢばに帰《かえ》らしてもらおうかどうしようか。

こうした迷《まよ》いの出《で》た時《とき》、神《かみ》一條《じょう》の精神《せいしん》で思《おも》い切《き》らしていただく、決断《けつだん》するということを、教祖《おやさま》ひながたは到《いた》るところで示《しめ》していられるのであります。

かくして、中山《なかやま》みき様《さま》は神のやしろと定《さだ》まりなされ、親神《おやがみ》の心入《こころい》り込《こ》んで、その思召《おぼしめし》を宣《の》べ、世界《せかい》たすけのだめの教が創《はじ》められたのであります。

このことをおふでさきでは、

いまなるの月日のをもう事なるわ
くちわにんけん心月日や　一二 67

と仰《おお》せられるのであります。

本教《ほんきょう》の教《おしえ》は、人間《にんげん》が智慧《ちえ》や学問《がくもん》で考《かんが》え出《だ》した教《おしえ》ではない。

無《な》い人間《にんげん》無《な》い世界《せかい》をお創《はじ》めくださった親神様《おやがみさま》の御教《みおし》えであります。

したがって、人間思案《にんげんしあん》をこえた不思議《ふしぎ》な教《おしえ》であり、人間思案《にんげんしあん》をこえた御守護《ごしゅご》がいただけるのであります。


従《したが》って、人間思案《にんげんしあん》ではどうしても割《わ》り切《き》れないものがあるのは当然《とうぜん》であります。

お道《みち》の教《おしえ》はとにかく実行《じっこう》してみて、成《な》って来《く》る理《り》を思案《しあん》した時《とき》はじめて納得《なっとく》が行《い》くのであります。


思《おも》い切《き》って親神様《おやがみさま》のおおせにしたがい行《おこ》なっていくところに、救《すく》われる道《みち》が開《ひら》けて来《く》るのであります。

素直《すなお》に実行《じっこう》することが大切《たいせつ》であります。

本教《ほんきょう》は世界《せかい》だめの教、根本《こんぽん》の教《おしえ》であることを確信《かくしん》し、お互《たがい》にしっかり信仰《しんこう》していただきたいと存《ぞん》じます。ひながたの道《みち》より外《ほか》に、我々《われわれ》の行《い》くべき道《みち》はないのであります。

第一章

第 二 章

第《だい》二章《しょう》は寛政《かんせい》十年《ねん》四月《がつ》十八日《にち》、教祖中山《おやさまなかやま》みき様《さま》がお生《う》まれあそばしましてより天保《てんぽう》九年《ねん》十月《がつ》、月日のやしろとなられるまでのことが書《か》いてあります。

教祖《おやさま》は、大庄屋《おおしょうや》をつとめていられた前川家《まえがわけ》の御長女《ごちょうじょ》として、まことに恵《めぐ》まれた環境《かんきょう》にお生《う》まれになったのであります。そして三歳《さい》の頃《ころ》から、既《すで》に近所《きんじょ》の子供達《こどもたち》と違《ちが》って、人並《ひとなみ》すぐれた天分《てんぶん》をお持《も》ちであることがはっきりとしておりました。

女《おんな》のする仕事《しごと》は母様《おかあさま》のなさるのを見《み》てひとりで覚《おぼ》えられるという有様《ありさま》、又《また》、手習《てならい》も父様《おとうさま》から習《なら》われ、更《さら》に寺子屋《てらこや》に通《かよ》うて読《よ》み書《か》きを習《なら》われたのでありまして、下世話《げせわ》の言葉《ことば》で申《もう》しますと、早熟《そうじゅく》であったと申《もう》せましょう。十三歳《さい》の時《とき》、庄屋敷村《しょやしきむら》の中山家《なかやまけ》に入嫁《にゅうか》されるのでありますが、その時《とき》の条件《じょうけん》として、

〝そちらへ参《まい》りましても、夜業《よなべ》終《お》えて後《のち》は、念仏唱《ねんぶつとな》える事《こと》をお許《ゆる》し下《くだ》さる様《よう》に〟

との希望《きぼう》を添《そ》えていられるのであります。

嫁《とつ》がれた教祖《おやさま》は、近所《きんじょ》の人《ひと》が中山家《なかやまけ》の御新造様《ごしんぞうさま》か仏様《ほとけさま》かといわれる位《くらい》、御両親《ごりょうしん》や夫様《おっとさま》によくつかえ、又下男下女《またげなんげじょ》をかわいがり、近所《きんじょ》や親戚《しんせき》の方《かた》に親切《しんせつ》をつくされたのであります。

〝私《わたし》は、幼《おさな》い頃《ころ》はあまり達者《たっしゃ》でなかったが、百姓仕事《ひゃくしょうしごと》は何《なん》でもしました。只《ただ》しなかったのは、荒田起《あらたおこ》しと溝掘《みぞほ》りとだけや。他《ほか》の仕事《しごと》は二人分位《りぶんぐらい》働《はたら》いたのやで。〟と述懐《じゅつかい》されたように、いわば模範的《もはんてき》なお嫁《よめ》さんでありました。

御両親《ごりょうしん》もこの様子《ようす》を見《み》て、十六歳《さい》の年《とし》には、全《まった》く安心《あんしん》して所帯《しょたい》を任《まか》せられたのであります。

十九歳《さい》の時《とき》には、勾田村《まがたむら》の善福寺《ぜんぷくじ》で五重相伝《じゅうそうでん》を受《う》けていられるのでありますが、若《わか》い方《かた》で五重《じゅう》を受《う》けることは珍《めずら》しいことでありまして、教祖《おやさま》が如何《いか》に宗教的天分《しゅうきょうてきてんぶん》が豊《ゆた》かでいられたかが解《わか》るのであります。

第　二　章

かのという女衆《おなごし》が、教祖《おやさま》を毒殺《どくさつ》しようとしたのをゆるされた事件《じけん》。

第二章

米盗人《こめぬすびと》にかえって〝貧《ひん》に迫《せま》っての事《こと》であろう。その心《こころ》が可愛想《かわいそう》や〟と労《いたわ》りの言葉《ことば》をかけた上《うえ》、米《こめ》をあたえてゆるされた事件《じけん》。

惰者《なまけもの》を根気《こんき》よく導《みちび》いて、人《ひと》一倍《ばい》の働《はたら》き手《て》とされた事件《じけん》。

女乞食《おんなこじき》の乳呑児《ちのみご》に御自分《ごじぶん》の乳房《ちぶさ》を含《ふく》ませられた事件等《じけんなど》、月日のやしろになられるまでの教祖《おやさま》の美事善行《びじぜんこう》はいろいろとあるのでございますが、特《とく》に、三十一歳《さい》の頃《ころ》、近所《きんじょ》の家《いえ》で、子供《こども》を五人《にん》も亡《な》くした上《うえ》、六人目《にんめ》の男《おとこ》の児《こ》も、乳不足《ちちぶそく》で育《そだ》てかねているのを見《み》るに忍《しの》びず、親切《しんせつ》にも引取《ひきと》って世話《せわ》しておられた処《ところ》、計《はか》らずもこの預《あず》かり子《ご》が疱瘡《ほうそう》にかかり、一心《しん》こめての看病《かんびょう》にも拘《かかわ》らず、十一日目《にちめ》には黒疱瘡《くろぼうそう》となった。医者《いしゃ》はとても救《たす》からん、と、匙《さじ》を投《な》げましたが、教祖《おやさま》は、

「我《わ》が世話中《せわちゅう》に死《し》なせては、何《なん》とも申訳《もうしわけ》ない。」

と思《おも》われ、氏神《うじがみ》に百日《ひゃくにち》の跣足詣《はだしまい》りをし、天《てん》に向《む》かって八《や》百万《およろず》の神々《かみがみ》に、

「無理《むり》な願《ねがい》では御座《ござ》いますが、預《あず》り子《ご》の疱瘡《ほうそう》難《むつか》しい処《ところ》、お救《たす》け下《くだ》さいませ。その代《かわ》りに、男子《だんし》一人《り》を残《のこ》し、娘《むすめ》二人《り》の命《いのち》を身代《みがわ》りにさし出《だ》し申《もう》します。それでも不足《ふそく》で御座《ござ》い

ますれば、願満《がんみ》ちたその上《うえ》は私《わたし》の命《いのち》をも差上《さしあ》げ申《もう》します。」
と一心《しん》こめて祈願《きがん》された事件《じけん》が、やがて月日のやしろとなり世界《せかい》一列《れつ》のをやとして、世《せ》界《かい》一列《れつ》たすけの道《みち》を、おはじめくだされた教祖《おやさま》の人《ひと》となりを最《もっと》も良《よ》く示《しめ》すものであったと申《もう》せるかと存《ぞん》じます。

明治《めいじ》三十二年《ねん》二月《がつ》二日《か》のおさしづに、

〃人間《にんげん》我《わ》が子《こ》までも寿命《じゆみよう》差《さ》し上《あ》げ、人《ひと》を救《たす》けたは第《だい》一深《ふか》きの理《り》、これ第《だい》一説《と》いて居《い》る……我《わ》が子《こ》まで亡《な》くなっても救《たす》けた人《ひと》の心《こころ》、これが天《てん》の理《り》に適《かな》い……〃

と仰《おお》せられ、このことを特《とく》に強調《きようちよう》していられます。

教祖《おやさま》五十年《ねん》のひながたはたすけ一條という一言《こと》につきるのでありますが、月日のやしろにおなりくださる以前《いぜん》に、実《じつ》に、こうしたたすけ一條、我身《わがみ》どうなっても人《ひと》をたすけたいという、尊《とうと》い道《みち》すがらを御示《おしめ》しくださっているのであります。

我々《われわれ》は教祖《おやさま》のお通《とお》りくださったその道《みち》を、しっかりと歩《あゆ》ましていただかなければならないのであります。

第二章

第二章

我身《わがみ》どうなってもという、生命《いのち》がけのたすけ一條の道《みち》を歩《あゆ》ましていただかなければならんのであります。

人《ひと》だすけということは決《けっ》して容易《ようい》なことではありません。無《な》い生命《いのち》をたすけていただくのには、それだけの真実《しんじつ》を尽《つ》くさなければならぬ。親神《おやがみ》様《さま》はおたすけ人《にん》の真実《しんじつ》の心《こころ》に乗《の》ってお働《はたら》きくださるのであります。

生命《いのち》をたすけるためには生命《いのち》がけでなければなりません。生命《いのち》がけでたすけ一條の道《みち》を通《とお》らしていただく、それがようぼくの使命《しめい》であります。

明治《めいじ》三十一年《ねん》十月《がつ》二日《か》のおさしづにも、

〝心《こころ》の精神《せいしん》の理《り》によって働《はたら》かそう。精神一《せいしんひと》つの理《り》によって、一人万人《にんまんにん》に向《む》かう。神《かみ》は心《こころ》に乗《の》りて働《はたら》く。心《こころ》さえしっかりすれば、神《かみ》が自由自在《じようじざい》に心《こころ》に乗《の》りて働《はたら》く程《ほど》に〟

とようぼくの心構《こころがま》えについてお仕込《しこみ》くださっております。教祖《おやさま》が自《みずか》ら歩《ある》いてのこされた御道《おんみち》すがらをみつめて、日々《にちにち》の我々《われわれ》の歩《あゆ》みをよく反省《はんせい》さしていただき、真剣《しんけん》にたすけ一條の上《うえ》に、なんでもどうでもの精神《せいしん》をもって御丹精《ごたんせい》くださることをくれぐれも御願《おねが》い申《もう》す次第《しだい》であります。

第二章

第三章

第《だい》三章《しょう》「みちすがら」は、天保《てんぽう》九年《ねん》十月《がつ》二十六日《にち》の立教《りっきょう》の日以後《ひいご》、元治元年《がんじがんねん》までの教祖御年《おやさまおんとし》四十一歳《さい》より、御年《おんとし》六十七歳《さい》までの二十数年間《すうねんかん》のひながたについて書《か》かれてあるのであります。

この間《あいだ》における教祖《おやさま》の御苦心《ごくしん》は、五十年《ねん》にわたる尊《とうと》いひながたの中《なか》でも特《とく》に容易《ようい》ならぬものがありました。

我々《われわれ》は教祖《おやさま》の御苦心《ごくしん》を思《おも》う時《とき》、とめどもなく流《なが》れ落《お》ちる涙《なみだ》を禁《きん》じ得《え》ないのであります。月日のやしろになられた教祖《おやさま》に、まず第《だい》一に親神様《おやがみさま》がせきこまれたことは、「貧《ひん》に落《お》ち切《き》れ。」というきびしい御言葉《おことば》でありました。教祖《おやさま》はその御言葉《おことば》のままに、嫁入《よめい》りの時《とき》の荷物《にもつ》を初《はじ》め、食物《たべもの》、着物《きもの》、金銭《きんせん》に到《いた》るまで、次々《つぎつぎ》と、困《こま》っている人々《ひとびと》に施《ほどこ》されたのであります。

このために、夫善兵衛様《おつとぜんべえさま》初《はじ》め、家族親族《かぞくしんぞく》の者達《ものたち》のきびしい反対《はんたい》、はては世間《せけん》の激《はげ》しい嘲《あざけ》りのまっただなかに立《た》たれたのでありますが、

「この家《いえ》へやって来《く》る者《もの》に、喜《よろこ》ばさずには一人《ひとり》もかえされん。親《おや》のたあには、世界中《せかいじゅう》の人間《にんげん》は皆子供《みなこども》である。」

と断乎《だんこ》として施《ほどこ》しをつづけられたのであります。

ついに、

「この家形《やかた》取《と》り払《はら》え。」

「今日《きょう》より、巽《たつみ》の角《すみ》の瓦下《かわらお》ろしかけ。」

「艮《うしとら》の角《すみ》より、瓦下《かわらお》ろせ。」

「明日《あす》は、家《いえ》の高塀《たかべい》を取《と》り払《はら》え。」

という親神様《おやがみさま》のおおせのままに、ついに祖先伝来《そせんでんらい》の中山家《なかやまけ》の家屋敷《いえやしき》、田地《でんち》にも手《て》をつけてほどこされたのであります。教祖《おやさま》に向《む》けられる反対攻撃《はんたいこうげき》、非難嘲笑《ひなんちょうしょう》の益々《ますます》はげしくなったことは申《もう》すまでもありません。そのために教祖《おやさま》はある時《とき》は宮池《みやいけ》に、ある時《とき》は井戸《いど》

に身《み》を投《な》げようとされた事《こと》も幾度《いくど》かありましたが、しかし、いよいよとなると、足《あし》はしやくばって、一歩《ぽ》も前《まえ》に進《すす》まず、

「短気《たんき》を出《だ》すやない〱。」

と、親神様《おやがみさま》の御声《みこえ》、内《うち》に聞《きこ》えて、どうしても果《はた》せなかったのであります。

月日にわどんなところにいるものも
むねのうちをばしかとみている　一三 98
むねのうち月日心にかのふたら
いつまでなりとしかとふんばる　一三 99

真実《しんじつ》が親神様《おやがみさま》の思召《おぼしめし》にかのうたら、生死《せいし》の境《さかい》において、自由《じゆうよう》自在《じざい》の守護《しゆご》が現《あら》われるのであることを身《み》を以《もつ》てお示《しめ》しくだされたのであります。

嘉永《かえい》六年《ねん》、夫善兵衛様《おっとぜんべえさま》は六十六歳《さい》を一期《ご》として出直《でなお》されました。時《とき》に教祖《おやさま》は五十六歳《さい》、秀司先生《しゆうじせんせい》三十三歳《さい》、おまさ様《さま》二十九歳《さい》、こかん様《さま》十七歳《さい》でおられました。

この年《とし》、こかん様《さま》が大阪《おおさか》へにをいがけに行《い》っていられるのであります。

情《じょう》を克服《こくふく》してあくまでも理《り》に立《た》ちきり、世界《せかい》たすけの門出《かどで》として大阪《おおさか》の地《ち》に、
「なむ天理王命《てんりおうのみこと》、なむ天理王命《てんりおうのみこと》。」
の神名《かみな》を僅《わず》か十七歳《さい》の末女《まつじょ》こかん様《さま》をして流《なが》されたということは、我々《われわれ》の忘《わす》れてはならぬことであります。

こかん様《さま》大阪《おおさか》布教《ふきょう》の翌年《よくねん》即《すなわ》ち嘉永《かえい》七年《ねん》、をびや許しを始《はじ》めていられるのであります。

これがたすけ一條の道《みち》あけとなるのであります。と申《もう》しましても、もちろんどん底《ぞこ》の道《みち》がつづくのであります。

それも二、三年《ねん》というものではないので、およそ十年《ねん》の長《なが》い道中《どうちゅう》であります。

こかん様《さま》が、秋祭《あきまつり》の日《ひ》に、村《むら》の娘《むすめ》たちが着飾《きかざ》って楽《たの》しげに歩《ある》いているのに、一人《り》淋《さび》しく道行《みちゆ》くおわたりを眺《なが》めていられたというのもこの間《かん》のことであり、また、月《つき》の光《ひかり》を頼《たよ》りに親子《おやこ》三人《にん》で糸《いと》を紡《つむ》がれたのもこの間《かん》のことであり、また、

「世界《せかい》には、枕《まくら》もとに食物《たべもの》を山《やま》ほど積《つ》んでも、食《た》べるに食《た》べられず、水《みず》も喉《のど》を越《こ》さんと言《い》うて苦《くる》しんでいる人《ひと》もある。そのことを思《おも》えば、わしらは結構《けっこう》や、水《みず》を飲《の》めば水《みず》の味《あじ》

がする。親神様《おやがみさま》が結構《けっこう》にお与《あた》え下《くだ》されてある。」

と諭《さと》し、また、

「どれ位《くらい》つまらんとても、つまらんと言《い》うな。乞食《こじき》はささぬ。」

と子《こ》たちの崩折《くずお》れ勝《が》ちな心《こころ》を振《ふ》り起《おこ》され、勇《いさ》んでお通《とお》りくださったのもこの間《かん》のことであります。


このような生計《くらし》が苦《くる》しい時《とき》でも、その中《なか》から、教祖《おやさま》は食《しょく》をさき着物《きもの》を脱《ぬ》いで、困《こま》っている者《もの》に与《あた》えていられるのであります。教祖《おやさま》の胸中《きょうちゅう》はまことに子供《こども》を思《おも》う親心《おやごころ》そのものであります。

にち〳〵に心つくするそのかたわ
むねをふさめよすゑハたのもし　二 28
いまの事なにもゆうでハないほどに
さきのをふくハんみちがみへるで　三 36
いまのみちいかなみちでもなけくなよ

さきのほんみちたのしゆでいよ　三　37

まことにこの御歌《おうた》の通《とお》りであります。我々《われわれ》は今日《こんにち》のお道《みち》の結構《けっこう》な姿《すがた》を見《み》るにつけて、教祖《おやさま》御年《おんとし》五十六歳《さい》より、六十六歳頃《さいごろ》までのどん底《ぞこ》時代《じだい》の御苦労《ごくろう》をしのび、心《こころ》から御礼《おれい》を申《もう》し上《あ》げると共《とも》に、この道《みち》こそは、たとい今《いま》は困難《こんなん》でありましても、末《すえ》はたのもしい道《みち》であることをはっきり悟《さと》らしていただくことが出来《でき》ると存《ぞん》じます。

こうして尚数年《なおすうねん》の間《あいだ》、甚《はなは》だしい難渋《なんじゅう》の中《なか》を通《とお》られるうちに、文久《ぶんきゅう》、元治《がんじ》の頃《ころ》になりまして、をびや許しの珍《めずら》しい御守護《ごしゅご》を頂《いただ》く者《もの》が次々《つぎつぎ》と現《あら》われて、庄屋敷村《しょやしきむら》には安産《あんざん》の神《かみ》様《さま》がござるそうな、生神様《いきがみさま》やそうな、という声《こえ》が、口《くち》から口《くち》へと八方《ぽう》に弘《ひろ》まるようになりました。

この頃教祖《ころおやさま》は、重病人《じゅうびょうにん》のおたすけに、いつも、快《こころよ》くいそいそとお出掛《でかけ》になっているのであります。

既《すで》に、御年《おんとし》六十五歳《さい》になられた教祖《おやさま》が、いそいそとおたすけに出掛《でか》けられたことを思《おも》いますと、我々《われわれ》お互《たがい》といたしまして、じっとしているわけには参《まい》りません。

第　三　章

第三章

文久《ぶんきゅう》三年《ねん》、辻忠作先生《つじちゅうさくせんせい》が妹《いもうと》さんの身上《みじょう》について伺《うかが》われると、教祖《おやさま》は、

「此所《このところ》八方《ぽう》の神《かみ》が治《おさ》まる処《ところ》、天理王命《てんりおうのみこと》と言《い》う。ひだるい所《ところ》へ飯《まま》食《た》べたようにはいかんなれど、日々薄《にちにちうす》やいで来《く》る程《ほど》に。」

と仰《おお》せられていることは、注意《ちゅうい》せねばならぬ御言葉《おことば》と存《ぞん》じます。

「此所《このところ》八方《ぽう》の神《かみ》が治《おさ》まる処《ところ》、天理王命《てんりおうのみこと》と言《い》う。」というお言葉《ことば》は、天理王命《てんりおうのみこと》は元の神であることを仰《おお》せられたのであります。

また「ひだるい所《ところ》へ飯《まま》食《た》べたようにはいかんなれど、日々薄《にちにちうす》やいで来《く》る程《ほど》に。」とは、実の神であることを仰《おお》せられているのであります。

天理王命《てんりおうのみこと》は、元の神・実の神であるということを納得《なっとく》さすために、教祖《おやさま》は非常《ひじょう》に御《ご》苦心《くしん》くださっているのであります。

文久年間《ぶんきゅうねんかん》には、西田《にしだ》、村田《むらた》、仲田《なかた》、辻《つじ》、山中等《やまなかなど》の先生方《せんせいがた》が入信《にゅうしん》され、ようやくよふぼくと申《もう》すべき方《かた》がぼちぼちできかけて参《まい》りました。天保《てんぽう》九年《ねん》以来《いらい》、実《じつ》に二十六、七年《ねん》を経過《けいか》しているのであります。

こえて、元治元年《がんじがんねん》には後《のち》の本席《ほんせき》、飯降伊蔵様《いぶりいぞうさま》が、奥様《おくさま》の産後《さんご》の煩《わずら》いから入信《にゅうしん》されているのであります。

この方《かた》こそ、親神様《おやがみさま》おまちかねの大工《だいく》であり、その後《ご》に教祖御身《おやさまおんみ》をかくされてのち、本教《ほんきょう》を背負《せお》って立《た》つよふぼく中《ちゅう》のよふぼくとなられるのであります。

まことに、第《だい》三章《しょう》「みちすがら」に誌《しる》されている約《やく》三十年《ねん》にわたる尊《とうと》い教祖《おやさま》のひながたが、いわば伏《ふ》せ込《こ》みの理《り》となって、今日《こんにち》の結構《けっこう》な道《みち》があることを忘《わす》れてはならぬのであります。

第三章

第四章

教祖《きょうそ》伝《でん》第《だい》四章《しょう》「つとめ場所《ばしょ》」について、お話《はなし》をいたし、共々《ともども》に教祖《おやさま》のひながたをしのばしていただきたいと存《ぞん》じます。

この章《しょう》は、元治元年《がんじがんねん》から慶応《けいおう》二年《ねん》に及《およ》ぶ間《あいだ》のことが書《か》かれてあります。

元治元年《がんじがんねん》六月《がつ》二十五日《にち》、飯降伊蔵様《いぶりいぞうさま》、即《すなわ》ち後《のち》の本席様《ほんせきさま》がはじめて夫婦揃《ふうふそろ》うて、奥様《おくさま》のおさと様《さま》が産後《さんご》にお悪《わる》かったのをたすけていただかれた御礼《おれい》に参拝《さんぱい》されたのであります。

その時《とき》、大工《だいく》である伊蔵様《いぞうさま》は、お社《やしろ》の献納《けんのう》を思《おも》いつかれたのでありましたが、教祖《おやさま》は、

「社《やしろ》はいらぬ。小《ちい》さいものでも建《た》てかけ。」

と仰《おお》せられたので、「つとめ場所《ばしょ》」を建築《けんちく》することになりました。

その大《おお》きさは、三間半《げんはん》に六間《けん》であります。

当時《とうじ》は、月次祭《つきなみさい》の参拝者《さんぱいしゃ》三十名位《めいぐらい》ありましたが、その中《うち》熱心《ねっしん》な人《ひと》が、それぞれ普請《ふしん》

の費用《ひよう》や材料《ざいりよう》を引受《ひきう》けられたのであります。

九月《がつ》十三日《にち》、ちょんの始《はじ》め、十月《がつ》二十六日《にち》には棟上《むねあ》げが行《おこな》われたのでありますが、その翌日《よくじつ》、大豆越村《まめこしむら》の山中忠七先生宅《やまなかちゅうしちせんせいたく》に一同《どう》がまねかれたのであります。

その途中大和神社《とちゅうおやまとじんじゃ》の前《まえ》で、教祖《おやさま》のお教《おし》え通《どお》り、「なむ天理王命《てんりおうのみこと》」と繰返《くりかえ》して、声高《こえたか》らかに唱《とな》えたところが、生憎大和《あいにくやまと》一国《こく》の神職取締《しんしょくとりしま》り、守屋筑前守《もりやちくぜんのかみ》が、祈禱《きとう》している最《さい》中《ちゅう》だったので、祈禱《きとう》の妨《さまた》げをしたという理由《りゆう》で、三日間留《かかんと》め置《お》かれたのであります。

このために日《ひ》の浅《あさ》い信者《しんじゃ》の中《なか》には不安《ふあん》を感《かん》じて落伍《らくご》する者《もの》もでき、折角《せっかく》できかかっていた講社《こうしゃ》も、一時《じ》ぱったりと止《と》まったのであります。即《すなわ》ち、ふと、こかん様《さま》が「行《ゆ》かなんだら宜《よ》かったのに。」とつぶやいた処《ところ》、忽《たちま》ち教祖《おやさま》の御様子《ごようす》が改《あらた》まり、

「不足《ふそく》言《い》うのではない。後々《のちのち》の話《はなし》の台《だい》である程《ほど》に。」

と、お言葉《ことば》があったのであります。

これは我々《われわれ》がとくと思案《しあん》しなければならぬことであります。

お道《みち》を通《とお》らしていただく上《うえ》に、一生懸命丹精《しょうけんめいたんせい》しているのに、その結果《けっか》は、かんばし

くないことがあります。

こうした場合《ばあい》に不足《ふそく》を言《い》い勝《が》ちでありますが、そこが大切《たいせつ》な点《てん》で、すべてなって来《く》るのは天《てん》の理《り》であるとさとり、そのふしこそ我々《われわれ》の真実《しんじつ》の心《こころ》を、つとめを親神様《おやがみさま》がおためしくださるお仕込《しこみ》の時期《じき》とさとらしていただき、なお一層勇《そういさ》んで通《とお》らしていただくことが大切《たいせつ》であります。

普請《ふしん》は棟上《むねあ》げをしただけであって、これから屋根《やね》も葺《ふ》き壁《かべ》も塗《ぬ》り、床板《とこいた》も天井板《てんじょういた》も張《は》らねばならぬのであります。大和神社《おやまとじんじゃ》の一件《けん》では費用《ひよう》もかかったし、普請《ふしん》の費用《ひよう》も次第《しだい》にかさんで来《き》たし、この暮《くれ》はどうしたものかと、秀司先生《しゅうじせんせい》は御心配《ごしんぱい》なさったのでありますが、伊蔵様《いぞうさま》は、

「何《なん》にも案《あん》じて下《くだ》さるな。内造《うちづく》りは必《かなら》ず致《いた》します。」

と頼《たの》もしくお答《こた》えなさったのであります。この真実《しんじつ》によって、伊蔵様《いぞうさま》は後《のち》に本席《ほんせき》となれる理《り》をいただかれるのであります。

〝なか〳〵これ三十八年以前《ねんいぜん》、九月《がつ》より取《と》り掛《か》かり、十分一《ぶんひと》つ道《みち》よう〳〵仮家々々《かりやかりや》、

仮家《かりや》は大層《たいそう》であった。一寸《ちよつと》ふしあった。皆退《みなの》いて了《しも》た。大工一人《だいくひとり》になった事思《ことおも》てみよ〳〵。八方《ぽう》の神《かみ》が手打《てう》った事《こと》ある〳〵。八方《ぽう》の神《かみ》が手《て》を打《う》ったと言《い》うてある〃

（明治三四・五・二五）

とおさしづに申《もう》されていますが、「仮家《かりや》」というのはつとめ場所《ばしょ》のことであります。

「大工《だいく》一人《り》になった」とは、伊蔵様《いぞうさま》が一人《り》になられたことであります。その中《なか》を御丹精《ごたんせい》くださったのでありまして、八方《ぽう》の神《かみ》が手《て》をうって喜《よろこ》ばれたというこの伊蔵様《いぞうさま》の真実《しんじつ》の手本《てほん》を、我々《われわれ》は常《つね》に忘《わす》れてはならんのであります。

皆《みな》が肩《かた》すかしをする時《とき》に、苦労《くろう》を買《か》って出《で》るという真実《しんじつ》、それが尊《とうと》いのであります。

平素《へいそ》は解《わか》りませんが、ふしのある時《とき》にその人《ひと》の真実《しんじつ》がわかるのであります。

「事情無《じじような》ければ心《こころ》が定《さだ》まらん」と、仰《おお》せられていますが、まことにそうであります。

ふし毎《ごと》に一歩《ぽ》しりぞくのではなくして、一歩前進《ぽぜんしん》さしてもらう、これが大切《たいせつ》であります。我々《われわれ》が肝《きも》に銘《めい》じて忘《わす》れてはならぬ点《てん》であります。

「十二月《がつ》二十六日《にち》、納《おさ》めのつとめを済《す》まして、飯降伊蔵《いぶりいぞう》が櫟本村《いちのもとむら》へ戻《もど》る時《とき》、秀司《しゅうじ》は、お前《まえ》が去《い》んで了《しま》うと、後《あと》は何《ど》うする事《こと》も出来《でき》ん。と、言《い》うた処《ところ》、伊蔵《いぞう》は、直《す》ぐ又引返《またひきかえ》して来《き》ますから。と、答《こた》えた。秀司《しゅうじ》が、お前長《まえなが》らく居《い》てくれたから、戻《もど》っても何《なに》もないやろ。ここに肥米《こえまい》三斗《どう》あるから、これを持《も》って去《い》に。と、言《い》うた。伊蔵《いぞう》はその中《うち》一斗《とう》を貰《もろ》うて、櫟本村《いちのもとむら》へ着《つ》くと、家主《やぬし》から家賃《やちん》の催促《さいそく》があったので、早速《さっそく》、その米《こめ》を家賃《やちん》に納《い》れ、更《さら》に、梶本惣治郎《かじもとそうじろう》から、百五十目《ひやくめ》借《か》りて一時《じ》をしのいだ。翌《よく》二十七日《にち》、お屋敷《やしき》へ帰《かえ》って来《き》て、直《す》ぐ材木屋《ざいもくや》と瓦屋《かわらや》へ断《ことわ》りに行《ゆ》き、お聞《き》きでもありましょうが、あの大和神社《おやまとじんじゃ》の一件《けん》で費用《ひよう》もかさみましたし、今直《います》ぐ払《はら》う事《こと》は出来《でき》なくなりましたので、暫《しば》く待《ま》って下《くだ》さい。決《けっ》して損《そん》は掛《か》けませんから。と、頼《たの》んだ。そこは、親神《おやがみ》の守護《しゅご》と平生《へいぜい》からの信用《よう》で、両方《りようほう》とも快《こころよ》く承知《しようち》してくれた。この旨《むね》を、秀司《しゅうじ》とこかんに報告《ほうこく》した処《ところ》、二人《ふたり》とも安堵《あんど》して、今《いま》は、三町余《ちようあま》りの田地《でんじ》が、年切質《ねんきりじち》に入《い》れてあって儘《まま》にならぬが、近《ちか》い中《うち》に返《かえ》って来《く》る。そしたら、田地《でんじ》の一、二段《たん》も売《う》れば始末《しまつ》のつく事《こと》である。決《けっ》して心配《しんぱい》はかけぬ。と、慰《なぐさ》めた。」

とありますが、未《ま》だ、入信後半年《にゅうしんごはんとし》もたたぬ伊蔵様《いぞうさま》が一身《しん》一家《か》の都合《つごう》を捨《す》てて、ただ神《かみ》一條《じょう》に何《なん》でもどうでもとお屋敷《やしき》の上《うえ》にふせこまれた真実《しんじつ》と、その伊蔵様《いぞうさま》をいたわられる、秀司先生《しゅうじせんせい》やこかん様《さま》のあたたかい親心《おやごころ》に我々《われわれ》はあつい涙《なみだ》のにじむ思《おも》いがいたします。

〝丸《まる》九年《ねん》という〳〵。年々大晦日《ねんねんおおつごもり》という。その日《ひ》の心《こころ》、一日《にち》の日誰《ひだれ》も出《で》て来《く》る者《もの》も無《な》かった。頼《たよ》りになる者無《ものな》かった。九年《ねん》の間《あいだ》というものは大工《だいく》が出《で》て、何《なに》も万事取《ばんじと》り締《し》まりて、よう〳〵随《つ》いて来《き》てくれたと喜《よろこ》んだ日《ひ》ある〟（明治三四・五・二五）

とおさしづに仰《おお》せられていますが、おおつごもりを間近《まぢか》に控《ひか》えて伊蔵様《いぞうさま》の真実《しんじつ》のおつとめ振《ぶ》りが、目《め》の前《まえ》にうかぶような気《き》が致《いた》します。

この元治元年《がんじがんねん》には山中忠七《やまなかちゅうしち》、飯降伊蔵《いぶりいぞう》の外《ほか》、山澤良治郎《やまざわりょうじろう》、上田平治《うえだへいじ》、桝井伊三郎《ますいいさぶろう》、前川喜三郎等《まえがわきさぶろうなど》の先生方《せんせいがた》が信仰《しんこう》しはじめられていられるのであります。

この頃《ころ》から近在《きんざい》の神職《しんしょく》、僧侶《そうりょ》、山伏《やまぶし》、医者《いしゃ》などの迫害《はくがい》がようやくはげしくなって参《まい》ったのであります。

慶応元年《けいおうがんねん》には助造事件《すけぞうじけん》というのがあります。これは本教《ほんきょう》の歴史《れきし》に最初《さいしょ》にあらわれた異端《いたん》であります。

第四章

針《はり》ケ別所村《べつしよむら》の助造《すけぞう》という者《もの》がありまして、最初《さいしよ》は眼病《がんびよう》を救《たす》けられて熱心《ねつしん》でありましたが、やがてお屋敷《やしき》に運《はこ》ばんようになり、針《はり》ケ別所村《べつしよむら》が本地《ほんち》で、庄屋敷村《しよやしきむら》は垂迹《すいじやく》である。と、言《い》い出《だ》しました。これは全《まつた》く反対《はんたい》の無茶《むちや》くちゃな話《はなし》であります。

教祖《おやさま》は約《やく》三十日間《にちかん》断食《だんじき》をされてから針《はり》ケ別所村《べつしよむら》にお出張《でばり》になりまして、この事件《じけん》をおさめていられるのであります。

稿本教祖《こうほんきようそ》伝《でん》の中《なか》には、教祖《おやさま》が長期間《ちようきかん》断食《だんじき》をなさったことが三回《かい》出《で》て参《まい》ります。

実際《じつさい》に教祖《おやさま》が断食《だんじき》をなさったのは三回《かい》に限《かぎ》らんと思《おも》いますが、とにかくお屋敷《やしき》をはなれてお出張《でばり》くださいます時《とき》に断食《だんじき》をしていられることは、注目《ちゆうもく》にあたいします。

教祖《おやさま》がおたすけに行《い》かれる時《とき》に長期間《ちようきかん》の断食《だんじき》をされていることは、おたすけに、いわば生命《いのち》がけであられたことを示《しめ》すひながたと存《ぞん》じます。

我々《われわれ》はおたすけの上《うえ》に、このひながたを忘《わす》れてはなりません。

翌慶応《よくけいおう》二年《ねん》には、将来初代真柱《しようらいしよだいしんばしら》となられる眞之亮様《しんのすけさま》が御誕生《ごたんじよう》になっているのであります。時《とき》に教祖《おやさま》の御年《おんとし》は六十九歳《さい》であられます。天保《てんぽう》九年《ねん》より二十八年《ねん》たっているのでありまして、多年《たねん》にわたる教祖《おやさま》の御苦労《ごくろう》により、ようやくお道《みち》の上《うえ》に、ほのぼのとした黎明《れいめい》が訪《おとず》れて来《き》たと申《もう》しても良《よ》い時期《じき》に当《あ》たります。

なにかこゝろがすんだなら　八下り目　7
はやくふしんにとりかゝれ

と、おおせられるみかぐらうたのお歌《うた》の意義《いぎ》が、つとめ場所《ばしょ》の建築《けんちく》についてよく納得《なっとく》が参《まい》ります。

そして、この建築《けんちく》で伊蔵様《いぞうさま》というよふぼくが見出《みいだ》されるのであります。この間《かん》の事《じ》情《じょう》は、

やまのなかへといりこんで
いしもたちきもみておいた　八下り目　8

という御歌通《おうたどお》りであります。

第四章

第五章

稿本《こうほん》教祖《きょうそ》伝《でん》第《だい》五章《しょう》「たすけづとめ」について、皆様方《みなさまがた》と共《とも》に、理《り》の思案《しあん》をさしていただきたいと存《ぞん》じます。

教祖《おやさま》が天保《てんぽう》九年《ねん》十月《がつ》二十六日《にち》、この道《みち》をおはじめくださったのは、世界《せかい》一列《れつ》の子供《こども》に陽気ぐらしをさせたいという上《うえ》からであったことは今更《いまさら》申上《もうしあ》げるまでもないことと存《ぞん》じますが、そのたすけ一條の道《みち》としてお教《おし》えくださったのがたすけづとめであります。

これを御教《おおし》えくださるのには一ぺんにできたのではないのでありまして、慶応《けいおう》二年《ねん》から明治《めいじ》十五年《ねん》までと多《おお》くの年月《としつき》を要《よう》しているのであります。

たすけづとめは詳《くわ》しく申《もう》しますと、かぐらとてをどりに分《わ》けることができます。

かぐらづとめは、十人《にん》のつとめ人衆《にんじゅう》がかんろだいを囲《かこ》み、親神《おやがみ》の人間世界創造《にんげんせかいそうぞう》の働《はたら》きをそのままに、それぞれの守護《しゅご》の理《り》を承《う》けて、面《めん》をつけ、理《り》を手振《てぶ》りに現《あら》わして勤《つと》めるのであります。

地歌鳴物《じうたなりもの》の調子《ちょうし》に従《したが》い、親《おや》という元《もと》という理《り》一つに溶《と》けこんで、一手《て》一つに勤《つと》める時《とき》、親神《おやがみ》が無《な》い人間《にんげん》無《な》い世界《せかい》をおはじめくださった不思議《ふしぎ》な御守護《ごしゅご》が鮮《あざや》かに現《あら》われ、いかなる身上《みじょう》の悩《なや》みも事情《じじょう》の苦《くる》しみも、ことごとく取《と》り除《のぞ》かれて、この世《よ》は次第《しだい》に陽気ぐらしの世界《せかい》へと立替《たてか》わるのであります。

かぐらづとめはかぐら面《めん》を用《もち》いるからこのように呼《よ》ぶのであります。またこれはよろづたすけを現《あら》わすつとめでありますから、たすけづとめとも呼《よ》び、かんろだいを囲《かこ》んで勤《つと》めるのでかんろだいのつとめとも呼《よ》び、陽気ぐらしをたたえるつとめでありますから、よふきづとめとも呼《よ》ぶのであります。

よろづよ八首《しゅ》および十二下《くだ》りのてをどりは、かんろだいのぢば以外《いがい》の所《ところ》にても勤《つと》めることをゆるされているのでありまして、地上《ちじょう》に充《み》ちる陽気ぐらしはどうして実現《じつげん》されるか、どういうものであるかということを如実《にょじつ》に示《しめ》していられるのであります。

かぐらづとめとてをどりの地歌《じうた》を合《あ》わせた書《か》きものを、みかぐらうたと呼《よ》ぶのであります。

慶応《けいおう》二年秋《ねんあき》、教祖《おやさま》は、

あしきはらひたすけたまへ　てんりわうのみこと

の歌《うた》と手振《てぶ》りとを教《おし》えられたのであります。

又《また》、慶応《けいおう》三年正月《ねんしようがつ》から八月《がつ》までに、十二下《くだ》りの歌《うた》を作《つく》られたのであります。

この年《とし》は丁度《ちようど》教祖《おやさま》が月日のやしろとなられてから三十年目《ねんめ》に当《あ》たるのでありまして、これまで教祖《おやさま》がお通《とお》りくださった道《みち》は、一日《にち》として今日《きよう》という日《ひ》とてない、谷《たに》そこの道《どう》中《ちゆう》であったのであります。

更《さら》に明治《めいじ》三年《ねん》には、よろづよ八首《しゆ》の歌《うた》を十二下《くだ》りの歌《うた》の初《はじ》めに加《くわ》えられたのであります。

つづいて節付《ふしつ》けと振付《ふりつ》けに、満《まん》三カ年《ねん》かかられたのでありまして、教祖《おやさま》は、

「これは、理《り》の歌《うた》や。理《り》に合《あ》わせて踊《おど》るのやで。ただ踊《おど》るのではない、理《り》を振《ふ》るのや。」

と仰《おお》せられ、また、

「つとめに、手《て》がぐにゃぐにゃするのは、心《こころ》がぐにゃぐにゃしているからや。一つ手《て》の振《ふ》り方間違《かたまちご》ても、宜敷《よろしく》ない。このつとめで命《いのち》の切換《きりかえ》するのや。大切《たいせつ》なつとめやで。」と理《り》を諭《さと》されたそうで、我々《われわれ》はおつとめをつとめる時《とき》には、すこしもお手《て》が間違《まちが》わんように真剣《しんけん》につとめさしていただかなければなりません。

明治《めいじ》三年《ねん》には、「ちよとはなし」の歌《うた》と手振《てぶ》りとを、同《どう》八年《ねん》には、「いちれつすますかんろだい」の歌《うた》と手振《てぶ》りを教《おし》えられ、ここにかんろだいのつとめの手《て》一通《とお》りが、はじめて整《ととの》ったのであります。

明治《めいじ》十五年《ねん》には、手振《てぶ》りは元《もと》のままながら、「いちれつすます」の句《く》は、「いちれつすまして」と改《あらた》まり、それに伴《ともな》って、「あしきはらひ」も又《また》、「あしきをはらうて」と改《あらた》まったのであります。

後年《こうねん》、教祖《おやさま》は、

「わしは、子供《こども》の時《とき》から、陰気《いんき》な者《もの》やったで、人寄《ひとよ》りの中《なか》へは一寸《ちよつと》も出《で》る気《き》にならなんだが、七十過《す》ぎてから立《た》って踊《おど》るように成《な》りました。」

と述懐《じゅっかい》されたそうであります。

陽気《ようき》にしかも一手《て》一つに、おつとめをつとめさしていただくことが大切《たいせつ》であります。

教会長《きょうかいちょう》として、また布教師《ふきょうし》として大切《たいせつ》なことは、おつとめを教《おし》えおつとめをつとめるように次々《つぎつぎ》と新《あたら》しい信者《しんじゃ》を仕込《しこ》んでいくことが大切《たいせつ》であります。

おつとめをつとめる人《ひと》がはじめて信者《しんじゃ》であると申《もう》して良《よ》いのであります。

心《こころ》がいずんで、なんともならないような気分《きぶん》になった時《とき》、おつとめをつとめさしていただきますと、心《こころ》が晴々《はればれ》し、勇《いさ》んで来《く》ることを皆様方《みなさまがた》もすでに何回《なんかい》か御経験《ごけいけん》されたことですし、また今後《こんご》も御経験《ごけいけん》なさることでありましょう。我々《われわれ》は、おつとめの理《り》の尊《とうと》さということを、もっともっと心《こころ》に治《おさ》めさしていただかなければならぬと思《おも》います。

とん〱とんと正月をどりはじめハ
やれおもしろい　　二下り目　1

というお歌《うた》の通《とお》り、今年《ことし》は正月《しょうがつ》より勇《いさ》んでおつとめをつとめさしていただき、

つとめさいちがハんよふになあたなら

天のあたゑもちがう事なし　十34

と仰《おお》せくださるように、益々結構《ますますけっこう》な天《てん》のあたえを頂戴《ちょうだい》いたしたいと存《ぞん》ずる次第《しだい》であります。

しっかり勇《いさ》んでおつとめくださるよう、くれぐれも御願《おねが》い申《もう》し上《あ》げます。

第五章

第六章

稿本《こうほん》教祖《きようそ》伝第《でんだい》六章《しよう》「ぢば定《さだ》め」について、お話《はなし》をいたします。この章《しよう》は、明治《めいじ》二年《ねん》より明治《めいじ》十年《ねん》に亙《わた》ってのことが書《か》かれてあります。明治《めいじ》二年《ねん》には、おふでさきの御執筆《ごしつぴつ》がはじまっているのであります。またこの年《とし》には、秀司様《しゆうじさま》の結婚《けつこん》、教祖《おやさま》が三十八日間《にちかん》、断食《だんじき》なされたことが記《しる》されてあります。明治《めいじ》三年《ねん》には、吉田神祇管領《よしだじんぎかんりよう》が廃止《はいし》されて、慶応《けいおう》三年《ねん》に得《え》た当局《とうきよく》の公認《こうにん》が無効《むこう》になったことを、そして教祖《おやさま》が再《さい》三、新政府《しんせいふ》に公認《こうにん》を願出《ねがいで》ようとされるのを厳《きび》しく止《と》めていられることが記《しる》されてあります。明治《めいじ》五年《ねん》には、七十五歳《さい》の教祖《おやさま》が七十五日《にち》の断食《だんじき》をしていられるのであります。またこの年《とし》には、月日のやしろであることを形《かたち》に現《あら》わし目《め》にみて納得《なつとく》させようという上《うえ》から、別火別鍋《べつぴべつなべ》ということを仰《おお》せられています。明治《めいじ》六年《ねん》には飯降伊蔵《いぶりいぞう》に命《めい》じてかんろだいの雛型《ひながた》をつくっていられます。明治《めいじ》七年《ねん》には、お節《せち》会が始《はじ》まりました。また、外孫《そとまご》の眞之亮様《しんのすけさま》を、しんばしらといって定《さだ》めるようにと急《せ》き込《こ》まれております。また、里方《さとかた》の兄《あに》、前川杏助様《まえがわきょうすけさま》に依頼《いらい》しておかれた、かぐら面《めん》ができあがりました。また親里《おやさと》に帰《かえ》った証拠《しょうこ》とし、証拠守《しょうこまも》りが渡《わた》されるようになりました。

この年《とし》に忘《わす》れてならないことは、大和神社《おやまとじんじゃ》のふしであります。同年陰暦《どうねんいんれき》十月《がつ》のある日《ひ》のこと、教祖《おやさま》は、仲田儀三郎《なかたぎさぶろう》、松尾市兵衛《まつおいちべえ》の両名《りょうめい》に対《たい》して「大和神社《おやまとじんじゃ》へ行《ゆ》き、どういう神《かみ》で御座《ござ》ると、尋《たず》ねておいで。」と、お言葉《ことば》がありました。両名《りょうめい》は早速大和神社《さっそくおやまとじんじゃ》に行《い》って、言《い》い付《つ》かった通《とお》り、「どのような御守護《ごしゅご》を下《くだ》さる神様《かみさま》か。」と問《と》うたところ、神職《しんしょく》達《たち》は守護《しゅご》の点《てん》については一言《こと》も答《こた》えることができなかったのであります。これから問題《もんだい》が大《おお》きくなり、石上神宮《いそのかみじんぐう》から神職《しんしょく》が問答《もんどう》をしに五人《にん》づれでお屋敷《やしき》に来《き》ました。この時《とき》教祖《おやさま》は「親《した》しく会《あ》う」と仰《おお》せられて、衣服《いふく》を改《あらた》めた上《うえ》、直々《じきじき》お会《あ》いになり、親神様《おやがみさま》の御《ご》守護《しゅご》について詳《くわ》しく説《と》き諭《さと》されたのであります。神職《しんしょく》たちが、「それが真《まこと》なれば、学問《がくもん》は嘘《うそ》か。」と尋《たず》ねると、教祖《おやさま》は、「学問《がくもん》に無《な》い、古《ふる》い九億《おく》九万《まん》六千年間《せんねんかん》のこと、世界《せかい》へ教《おし》えたい。」即《すなわ》ち、元初《もとはじ》まりの理《り》を教《おし》えたいと、仰《おお》せられたのであります。余談《よだん》になりますが、お道《みち》でよく理《り》という言葉《ことば》を使《つか》いますが、これは元《もと》の理《り》から脱線《だつせん》した勝手《かつて》の理《り》であってはならんのであります。当局《とうきよく》の取締干渉迫害《とりしまりかんしようはくがい》がきびしくなりましたが、かえってそれによって高山布教《たかやまふきよう》がはじまるのであります。この後《のち》、奈良県庁《ならけんちよう》から呼出《よびだ》しがあり、十二月《がつ》二十三日《にち》、教祖《おやさま》が山村御殿《やまむらごてん》に御苦労《ごくろう》くださることになりました。この時《とき》の教祖《おやさま》の御態度《ごたいど》は、実《じつ》に立派《りつぱ》なものでありました。取調《とりしらべ》の稲尾某《いなおぼう》が、いかなる神《かみ》かと問《と》うたところ、「親神《おやがみ》にとっては世界中《せかいじゆう》は皆我《みなわ》が子《こ》、一列《れつ》を一人《ひとり》も余《あま》さず救《たす》けたいのや。」と、仰《おお》せられているのであります。つまり元の神の理《り》を明《あきら》かに説明《せつめい》していられるのであります。翌《よく》二十四日《か》朝《あさ》教祖《おやさま》は、

にち〳〵に心つくしたものだねを
神がたしかにうけとりている
しんぢつに神のうけとるものだねわ
いつになりてもくさるめわなし
たん〳〵とこのものだねがはへたなら

これまつだいのこふきなるそや
（おふでさき号外《ごうがい》）

という三つのお歌《うた》をくださっているのであります。このお歌《うた》はまことに意味深《いみぶか》いお歌《うた》であります。我々《われわれ》が日々《にちにち》に心《こころ》つくした物種《ものだね》は、親神様《おやがみさま》がお受取《うけとり》くださるのであります。そしてその物種《ものだね》は必《かなら》ず芽《め》がふくのであります。ふしに会《あ》ってともすれば心《こころ》を倒《たお》そうとする人《ひと》に対《たい》する深《ふか》い親心《おやごころ》がこめられてあると思《おも》うのであります。二十五日《にち》には、天理王《てんりおう》という神名《かみな》を差止《さしと》められているのであります。神名《かみな》の問題《もんだい》はずうっとつづくのでありまして、遂《つい》に明治《めいじ》二十九年《ねん》に、天理王命《てんりおうのみこと》を改《あらた》め（内務省《ないむしょう》の秘密訓令《ひみつくんれい》で）天理大神《てんりおおかみ》と申上《もうしあ》げなければならなくなるのであります。更《さら》に、二十六日《にち》、教祖《おやさま》は月日のやしろたる理《り》を明《あきら》かにされるために赤衣《あかき》を召《め》され、一に、いきハ仲田《なかた》、二に、煮《に》たもの松尾《まつお》、三に、さんざいてをどり辻《つじ》、四に、しっくりかんろだいてをどり桝井《ますい》、と、四名《めい》の者《もの》に、直々《じきじき》おさづけの理《り》を渡《わた》されたのであります。これ身上《みじょう》たすけのためにおさづけの理《り》を渡《わた》されたはじめであります。

第六章

明治《めいじ》八年《ねん》六月《がつ》には、かんろだいのぢば定《さだ》めが行《おこ》なわれました。教祖《おやさま》は前日《ぜんじつ》、「明日《あす》は

第　六　章

二十六日《にち》やから、屋敷《やしき》の内《うち》を綺麗《きれい》に掃除《そうじ》しておくように。」と仰《おお》せられ、このお言葉《ことば》をいただいた人々《ひとびと》は、特《とく》に入念《にゅうねん》に掃除《そうじ》しておかれたのであります。教祖《おやさま》はまず自《みずか》ら庭《にわ》の中《なか》を歩《あゆ》まれ、足《あし》がぴたりと地面《じめん》にひっついて前《まえ》へも横《よこ》へも動《うご》かなくなった地点《ちてん》に、標《しるし》を付《つ》けられました。その後《のち》、こかん様《さま》、仲田《なかた》、松尾《まつお》、辻《つじ》ます、櫟枝村《いちえだむら》の与助等《よすけら》の方々《ひとびと》を、次々《つぎつぎ》と目隠《めかく》しをして歩《ある》かされた処《ところ》、皆同《みなおな》じ処《ところ》へ吸《す》い寄《よ》せられるように立《た》ち止《ど》まりました。辻《つじ》ます様《さま》は初《はじ》めの時《とき》は立《た》ち止《ど》まらなかったが、子供《こども》のとめぎく様《さま》を背負《せお》うて歩《ある》くと皆《みな》と同《おな》じ所《ところ》で足《あし》が地面《じめん》に吸《す》いついて動《うご》かなくなりました。これはます様《さま》に理《り》がなかったが子供《こども》のとめぎく様《さま》は理《り》があったからであります。このことは大変注意《たいへんちゅうい》しなければならないことと思《おも》います。理《り》のない者《もの》にとりましてはかんろだいのぢばも普通《ふつう》の地面《じめん》も同《おな》じことであります。丁度猫《ちょうどねこ》に小判《こばん》みたいなもので、その尊《とうと》いことが解《わか》らないのであります。世《せ》間《けん》にはぢばの尊《とうと》いことが解《わか》らないことであることは申《もう》すまでもありません。このようにして、明治《めいじ》八年陰暦《ねんいんれき》五月《がつ》二十六日《にち》、かんろだいのぢばが初《はじ》めて明《あき》らかにされたのでありま す。時刻《じこく》は昼頃《ひるごろ》であったということでありますが、これによって末代変《まつだいかわ》らぬ信仰《しんこう》の目《め》標《ど》は確立《かくりつ》したのでありまして、かんろだいのぢば定《さだ》めは、本教《ほんきょう》の上《うえ》にとって忘《わす》れてはならない重要《じゅうよう》なことがらであります。

明治《めいじ》八年《ねん》にはこかん様《さま》が三十九歳《さい》で出直《でなお》されました。これは人間思案《にんげんしあん》に流《なが》れることなく、どこまでも親神《おやがみ》の言葉《ことば》に添《そ》い切《き》り、親神《おやがみ》に凭《もた》れ切《き》って通《とお》りぬけよ、ということを教《おし》えられた貴重《きちょう》な実例《じつれい》であります。またこの年《とし》には中南《なかみなみ》の門屋《もんや》ができあがりました。教祖《おやさま》は北《きた》の上段《じょうだん》の間《ま》からここへ移《うつ》られ、その西側《にしがわ》の十畳《じょう》の御宅《おたく》をお居間《いま》として、日夜《にちや》寄り来《く》る人々《ひとびと》に親神様《おやがみさま》の思召《おぼしめし》を伝《つた》えられたのであります。

明治《めいじ》九年《ねん》には当局《とうきょく》の取《と》り締《し》まりをのがれるために、風呂《ふろ》と宿屋《やどや》を始《はじ》めていられます。

こうした人間思案《にんげんしあん》は親神様《おやがみさま》の思召《おぼしめし》に添《そ》う所以《ゆえん》ではなく、教祖《おやさま》は、親神《おやがみ》が途中《とちゅう》で退《しりぞ》く。

と、きびしく申《もう》していられます。明治《めいじ》十年《ねん》には教祖《おやさま》自《みずか》ら三曲《きょく》の鳴物《なりもの》を教《おし》えられました。

このようにしてかぐらづとめの準備《じゅんび》が外部《がいぶ》よりのはげしい迫害干渉《はくがいかんしょう》の中《なか》に行《おこ》なわれ、たすけ一條の親神様《おやがみさま》の思召《おぼしめし》がすすめられるのであります。明治《めいじ》十年《ねん》二月《がつ》五日《か》には、たまへ様《さま》が御誕生《ごたんじょう》になりました。この年《とし》には西南《せいなん》の役《えき》が起《おこ》ったので、世《よ》の中《なか》がさわがし

かったのであります。これにつきまして、

せかいぢういちれつわみなきよたいや　一三 43
たにんとゆうわさらにないぞや

高山にくらしているもたにそこに
くらしているもをなしたまひい　一三 45

と申《もう》されまして、世界中《せかいじゅう》の人々《ひとびと》が一列《れつ》兄弟《きょうだい》であることを自覚《じかく》し、世界《せかい》が真《しん》に平和《へいわ》に治《おさ》まるようにという切《せつ》なる親《おや》の心《こころ》をお教《おし》えくださっているのであります。

第七章

稿本《こうほん》 教祖《きょうそ》伝《でん》第《だい》七章《しょう》「ふしから芽《め》が出《で》る」についてお話《はなし》をさしていただきます。

この章《しょう》には明治《めいじ》十一年《ねん》より十四年《ねん》にわたる間《あいだ》のことが述《の》べられてあります。教祖《おやさま》の御年《おんとし》は、既《すで》に八十歳《さい》をこえられました。この高齢《こうれい》を以《もっ》て教祖《おやさま》は警察署《けいさつしょ》や監獄署《かんごくしょ》へ度々《たびたび》御苦労《ごくろう》くだされました。しかも罪科《ざいか》あってのことではありません。教祖《おやさま》が、世界《せかい》たすけの道《みち》をお説《と》きになる、ふしぎなたすけがあがるというては、いよいよ世間《せけん》の反対《はんたい》が激《はげ》しくなり、ますます取《と》り締《し》まりが厳《きび》しくなりました。しかし、それにもかかわらず、親神《おやがみ》の思召《おぼしめし》は一段《だん》と弘《ひろ》まって、河内《かわち》、大阪《おおさか》、山城《やましろ》や、遠《とお》く津々浦々《つつうらうら》に及《およ》んだのであります。

この教勢《きょうせい》の伸《の》びゆく姿《すがた》は、また一層《そう》世間《せけん》の妬《ねた》み猜《そね》みを招《まね》きまして、ふしぎなたすけの続出《ぞくしゅつ》する毎《ごと》に、反対攻撃《はんたいこうげき》の声《こえ》は、各地《かくち》から奈良警察署《ならけいさつしょ》へと集《あつ》まり、その鉾先《ほこさき》がことごとくお屋敷《やしき》へ、教祖《おやさま》へと向《む》けられたのであります。

教祖《おやさま》は、反対《はんたい》する者《もの》も拘引《こういん》に来《く》る者《もの》も、ことごとく可愛《かわ》い我《わ》が子供《こども》であると思召《おぼしめし》になり、その度毎《たびごと》に、いそいそと警察署《けいさつしょ》や監獄署《かんごくしょ》に出《で》かけられました。

教祖《おやさま》は常《つね》に、

「ふしから芽《め》が出《で》る。」

と仰《おお》せになり、警察署《けいさつしょ》や監獄署《かんごくしょ》への御苦労《ごくろう》が、かえって高山《たかやま》へのにをいがけになる、と、おきかせくださったのであります。

こうした外部《がいぶ》からの迫害《はくがい》がはげしくなるにつれて、これに対抗《たいこう》して講《こう》をむすび、信仰《しんこう》の喜《よろこ》びを一つに結《むす》び合《あ》わして行《い》こうという動《うご》きがおこって参《まい》ります。この動《うご》きは後々《のちのち》に大《おお》きな影響《えいきょう》を及《およ》ぼすのであります。

「講《こう》を結《むす》べ。」

とお急《せ》き込《こ》みいただいたのは、文久《ぶんきゅう》・元治《がんじ》の頃《ころ》に始《はじ》まるのでありますが、明治《めいじ》十一年《ねん》四月頃《がつごろ》、真明講《しんめいこう》が秀司先生《しゅうじせんせい》を講元《こうもと》として結《むす》ばれたのであります。

この「講《こう》」はいろいろのふしを経験《けいけん》して、明治《めいじ》二十一年《ねん》、即《すなわ》ち教祖《おやさま》が御身《おんみ》をかくされた翌年《よくねん》、「教会制度《きょうかいせいど》」につながっていくのであります。

そのふしの一つとして忘《わす》れてはならぬのは、転輪王講社事件《てんりんおうこうしゃじけん》であります。

当時《とうじ》、親神様《おやがみさま》の思召通《おぼしめしどお》り鳴物《なりもの》を入《い》れておつとめをすることは、内緒《ないしょ》ではとてもできない。それでもとにかく、何《なん》でもよい教会《きょうかい》というものを置《お》きさえすれば、教祖《おやさま》に御迷惑《ごめいわく》もかからず、おつとめができるという上《うえ》から、金剛山地福寺《こんごうざんじふくじ》の出張所《しゅっちょうしょ》という形《かたち》で、転輪王講社《てんりんおうこうしゃ》の開筵式《かいえんしき》が、明治《めいじ》十三年《ねん》九月《がつ》二十二日《にち》、陰暦《いんれき》八月《がつ》十八日《にち》に行《おこ》なわれるのであります。わかりやすく申《もう》せば、地福寺《じふくじ》が本部《ほんぶ》で、お屋敷《やしき》がその部下《ぶか》ということになったのであります。

門前《もんぜん》で護摩《ごま》をたき、僧侶《そうりょ》を呼《よ》んで来《き》て説法《せっぽう》するというのですから、如何《いか》に応法《おうぼう》のため、やむを得《え》ないことであったとは申《もう》せ、とうてい親神様《おやがみさま》の思召《おぼしめし》に適《かな》うはずはありません。

このことに中心《ちゅうしん》となって御丹精《ごたんせい》くださいました秀司先生《しゅうじせんせい》は、この年《とし》の暮《くれ》から身上《みじょう》におさわりをいただかれ、翌《よく》十四年《ねん》四月《がつ》八日《か》に六十一歳《さい》で出直《でなお》されるのであります。

第七章

その時《とき》、教祖《おやさま》は出直《でなお》された秀司先生《しゅうじせんせい》の額《ひたい》を撫《な》でて、

「可愛相《かわいそう》に、早《はや》く帰《かえ》っておいで。」

と、長年《ながねん》の労苦《ろうく》をねぎらわれ、そして座《ざ》に返《かえ》られると、秀司先生《しゅうじせんせい》に代《かわ》って、

「私《わたし》は、何処《どこ》へも行《ゆ》きません。魂《たましい》は親《おや》に抱《だ》かれて居《い》るで。古着《ふるぎ》を脱《ぬ》ぎ捨《す》てたまでやで。」

と仰《おお》せられたのであります。

みのうちにとこにふそくのないものに
月日いがめてくろふかけたで　十二　118
ねんけんハ三十九ねんもいせんにて
しんばいくろふなやみかけたで　十二　119

とおふでさきに仰《おお》せられるように、道《みち》を創《はじ》める緒口《いとぐち》として、親神様《おやがみさま》が何不自由《なにふじゆう》ない身体《からだ》に徴《しるし》をつけられ、その後教祖《ごおやさま》と共《とも》に艱難苦労《かんなんくろう》の中《なか》を通《とお》り、また、常《つね》に、反対攻撃《はんたいこうげき》の矢《や》表《おもて》に立《た》って、つぶさに辛酸《しんさん》をなめてくださった秀司先生《しゅうじせんせい》が、よかれと思《おも》って御奔走《ごほんそう》さ

れた、転輪王講社事件《てんりんおうこうしゃじけん》で急《きゅう》に出直《でなお》されたことを、我々《われわれ》はよく思案《しあん》しなければなりません。

本教《ほんきょう》が、無《な》い人間《にんげん》無《な》い世界《せかい》をお創《はじ》めくださった、元の神・実の神、天理王命《てんりおうのみこと》のじきじきの教《おしえ》である。即《すなわ》ち世界《せかい》だめの教であって、決《けっ》して地福寺《じふくじ》のようなものの下《した》について、その出張所《しゅっちょうしょ》になるべきものではないという、だめの教である自覚《じかく》をはっきりと持《も》たすために、あえて親神様《おやがみさま》がなされた、大《おお》きなみせしめであり、尊《とうと》い犠牲《ぎせい》であったとさとらしていただくのであります。

なお十四年《ねん》には、かんろだいの石出《いしだ》しが行《おこ》なわれておりますが、これは二段《だん》までできましたが、石工《いしく》の七次郎《じろう》と申《もう》す者《もの》が突然《とつぜん》居《い》なくなったために中途《ちゅうと》で頓挫《とんざ》いたします。

またこの年《とし》には、山澤良治郎先生《やまざわりょうじろうせんせい》が「此世始《このよはじ》まりの御話控《おはなしひかえ》」をまとめられました。これは普通《ふつう》に十四年本《ねんぼん》と申《もう》している和歌体《わかたい》の「どろうみこふき」であります。

この頃《ころ》には、講《こう》の数《かず》は二十有余《ゆうよ》をかぞえるようになり、大和《やまと》、河内《かわち》、大阪《おおさか》、堺《さかい》、京都《きょうと》にぞくぞく講《こう》が結成《けっせい》されておりますが、もちろん反対攻撃《はんたいこうげき》はきびしく、当時《とうじ》の講社《こうしゃ》の人々《ひとびと》の苦心《くしん》は非常《ひじょう》なものでありました。

第七章

第七章

「ふしから芽《め》が出《で》る。」という第《だい》七章《しょう》を拝読《はいどく》して感《かん》ずることは、我々《われわれ》が神《かみ》一條《じょう》の精神《せいしん》で丹精《たんせい》すれば、たといそれが人間思案《にんげんしあん》からすれば、づつない「ふし」でありましても、そこからさらに発展《はってん》する芽《め》が出《で》るということであります。

これに反《はん》して神《かみ》一條《じょう》の精神《せいしん》を失《うしな》うならば、芽《め》は出《で》ないということであります。

つねづね神《かみ》一條《じょう》ということをおきかせいただいておりますが、この章《しょう》を拝読《はいどく》して、神《かみ》一條《じょう》の大切《たいせつ》なことをつくづく思《おも》わしていただくのであります。

今後益々《こんごますます》神《かみ》一條《じょう》の精神《せいしん》で幾重《いくえ》の道中《どうちゅう》も御丹精《ごたんせい》くださいますようくれぐれも御願《おねが》い申《もう》し上《あ》げます。

第八章

稿本教祖伝《こうほんきようそでん》第《だい》八章《しょう》「親心《おやごころ》」について皆様方《みなさまがた》と共《とも》に、理《り》を思案《しあん》していただきたいと存《ぞん》じます。

第《だい》八章《しょう》は稿本教祖伝《こうほんきようそでん》の中《なか》で最《もっと》も多《おお》くの頁数《ページすう》があてられており、最《もっと》も重要《じゅうよう》な部分《ぶぶん》と申《もう》せるのであります。

教祖《おやさま》五十年《ねん》のひながたを一貫《かん》するものは、親心《おやごころ》の二字《じ》につきるのでありますが、本《ほん》章《しょう》においては特《とく》に親心《おやごころ》についておふでさきを土台《どだい》として述《の》べられているのであります。

親心《おやごころ》とは親神《おやがみ》の心《こころ》であり、従《したが》ってまた教祖《おやさま》の心《こころ》であります。

親神《おやがみ》の心《こころ》とは、あたかも人間《にんげん》の親《おや》が自分《じぶん》の子供《こども》に懐《いだ》く親心《おやごころ》と相通《あいつう》じる心《こころ》で、一列人《れつにん》間《げん》に対《たい》する、限《かぎ》り無《な》く広《ひろ》く大《おお》きい、明《あか》るく暖《あたた》かいたすけ一條の心《こころ》であると誌《しる》されてあります。この心《こころ》こそ、我々《われわれ》お道《みち》の者《もの》が常《つね》に忘《わす》れてはならない心《こころ》でありまして、教祖伝《きようそでん》を通《つう》じて、我々《われわれ》がはっきりと会得《えとく》さしていただかなければならぬのは、この心《こころ》であります。

本章《ほんしょう》においておふでさきの大意《たいい》が述《の》べられてありますが、それは、

親神《おやがみ》は陽気ぐらしを望《のぞ》みとして、元《もと》のぢばにおいて人間《にんげん》を創《はじ》めた。一列人間《れつにんげん》の真実《しんじつ》の親《おや》であり、その心《こころ》は、子供可愛《こどもかわ》い一條《じょう》である。人間《にんげん》は皆《みな》、親神《おやがみ》の子供《こども》、従《したが》って、世界《せかい》一列《れつ》の人間《にんげん》は互《たがい》に兄弟姉妹《きょうだい》であり、互《たが》い立《た》て合《あ》い扶《たす》け合《お》うてこそ、本来《ほんらい》の人間生活《にんげんせいかつ》である。

人間《にんげん》の身体《からだ》は、親神《おやがみ》のかしもの、人間《にんげん》にとってはかりもの、心《こころ》一つが我《わ》がの理《り》である。病気《びょうき》や災難《さいなん》は皆《みな》、子供可愛《こどもかわ》い親心《おやごころ》から、人間《にんげん》の心得違《こころえちが》いを反省《はんせい》させて、陽気ぐらしへ導《みちび》こうとの、よふむき、てびき、みちをせ、いけん、ざんねん、りいふく等《など》に他《ほか》ならぬ。心《こころ》を入替《いれか》えほこりを払《はら》い、誠真実の心《こころ》を定《さだ》めて願《ねが》うならば、どのような自由《じゆうよう》自在《じざい》のたすけをも引《ひ》き受《う》ける。

この度《たび》、親神《おやがみ》は元《もと》の約束《やくそく》により、魂《たましい》のいんねん、やしきのいんねん、旬刻限《しゅんこくげん》の理《り》の合図立合《あいずたてあ》いをまって、みきをやしろとして、初《はじ》めてこの世《よ》の表《おもて》に現《あら》われ、たすけ一條の

道《みち》を教《おし》える。

人間《にんげん》世界《せかい》創《はじ》め出《だ》しの証拠《しょうこ》として、元《もと》のぢばにかんろだいを据《す》え、たすけ一條の根本《こんぽん》の道《みち》として、これを囲《かこ》んで勤《つと》めるかんろだいのつとめを教《おし》え、さらに身上《みじょう》たすけのためさづけを渡《わた》す。

つとめによってよろづたすけを現《あら》わし、さづけによってどのような難病《なんびょう》をもたすける。かくて、この世《よ》は次第《しだい》に陽気ぐらしの世界《せかい》へと立替《たてか》わる。一刻《こく》も早《はや》くつとめ人衆《にんじゅう》打揃《うちそろ》い、心《こころ》を合《あ》わせ、手《て》を揃《そろ》え、鳴物《なりもの》を整《ととの》えて、一手《て》一つにつとめをせよ。と、この世《よ》元初《もとはじ》まり以来《いらい》の思召《おぼしめし》たる陽気ぐらしを、この地上《ちじょう》に現《あら》わそうとて、かんろだいのつとめを教《おし》え、その理《り》を納得《なっとく》させようとて、世界創造《せかいそうぞう》の元《もと》の理《り》を明《あ》かし、時旬《ときしゅん》の迫《せま》るままに、一層激《そうはげ》しく子供《こども》の心《こころ》の成人《せいじん》を促《うなが》しつつ、ひたすらにつとめの完成《かんせい》を急《せ》き込《こ》まれているのであります。

このおふでさきの大意《たいい》がとりもなおさず、親心《おやごころ》の大意《たいい》であります。

このように、御生涯《ごしょうがい》を一貫《かん》し、おふでさき全巻《ぜんかん》を通《つう》じて、たすけ一條の上《うえ》からつと

第八章

めを急《せ》き込《こ》みつづけられた教祖《おやさま》の御立場《おたちば》を、理《り》の上《うえ》からは月日のやしろと申《もう》し上《あ》げ、また、情《じょう》の上《うえ》からはひながたの親《おや》と申《もう》し上《あ》げることができるのであります。すなわち、教祖《おやさま》は一面《めん》に於《お》いて、月日のやしろとして理《り》を説《と》かれたのでありますが、しかも、他《た》の半面《はんめん》においては、地上《ちじょう》における親《おや》として、人々《ひとびと》によく分《わか》るようにと、自《みずか》らの身《み》に行《おこ》ない、自《みずか》ら歩《あゆ》んで人々《ひとびと》を導《みちび》かれたのであります。我々《われわれ》はただ理《り》を説《と》かれただけでなく、自《みずか》らそれを実行《じっこう》された、理《り》と情《じょう》とを兼《か》ね備《そな》えられた教祖《おやさま》の御立場《おんたちば》、御態度《おんたいど》を良《よ》く見《み》ならわしていただかねばならぬのであります。教祖《おやさま》が尊《とうと》い御生涯《ごしょうがい》をかけて、急《せ》き込《こ》まれたもの、それはおつとめの完成《かんせい》でありますが、それは元《もと》の理《り》にもとづくのであります。

この世《よ》の元初《もとはじ》まりは、泥海《どろうみ》で、月日《つきひ》親神《おやがみ》が居《い》たばかりである。さて、親神《おやがみ》が思《おも》うには、このように泥海《どろうみ》の中《なか》に親神《おやがみ》が居《い》るだけでは、まことに味気《あじけ》ない。そこで、人間《にんげん》というものを造《つく》って、その陽気ぐらしをするのを見《み》て親神《おやがみ》も共《とも》に楽《たの》しもう、と思《おも》い立《た》った。かくて、泥海中《どろうみなか》を見澄《みす》まし、先《ま》ずうをとみとを見出《みいだ》して、これを引《ひ》き寄《よ》せ、一すじ心《こころ》なるを見澄《みす》ました上《うえ》、最初《さいしょ》に産《う》み下《お》ろす子数《こかず》の年限《ねんげん》が経《た》ったならば、宿《やど》し込《こ》みのいんねんある元のやしきに連《つ》れ帰《かえ》り、神《かみ》として拝《はい》をさせようと約束《やくそく》し、承知《しょうち》をさして貰《もら》い受《う》け、更《さら》に、次々《つぎつぎ》と道具《どうぐ》に使《つか》うものを見出《みいだ》して呼《よ》び寄《よ》せ、それぞれ承知《しょうち》をさして貰《もら》い受《う》け、喰《た》べてその心味《こころあじ》わいを試《ため》した上《うえ》、これ等《ら》を雛型《ひながた》や道具《どうぐ》として、人間《にんげん》を創造《そうぞう》し、その理《り》によりそれぞれに神名《かみな》を授《さず》けた。

うをにしやちを仕込《しこ》み、月様《つきさま》の心入《こころい》り込《こ》んで男雛型《おとこひながた》、種《たね》とし、みにかめを仕込《しこ》み、日様《ひさま》の心入《こころい》り込《こ》んで女雛型《おんなひながた》、苗代《なわしろ》として、泥海中《どろうみなか》のどぢよを皆喰《みなた》べて、その心根《こころね》を味《あじ》わい、これをたねとして、元《もと》のぢばで三日三夜《かよさ》のうちに、九億《おく》九万《まん》九千《せん》九百《ひやく》九十九人《にん》の子数《こかず》を宿《やど》し込《こ》み、母親《ははおや》は、元のやしきに三年《ねん》三月《つき》とどまった上《うえ》、七十五日《にち》かかって子数《こかず》を悉《ことごと》く産《う》み下《お》ろした。最初《さいしょ》に生《うま》れたものは五分《ぶ》であったが、五分五分《ぶ》と成人《せいじん》して九十九年《ねん》かかって三寸《ずん》となり、三度生《どうま》れ更《かわ》って、三寸五分《ずんぶ》と成《な》り四寸《すん》と成《な》った時《とき》、皆出《みなで》直《なお》して了《しも》うた。

その後《ご》は、親神《おやがみ》の守護《しゅご》のまにまに、虫《むし》、鳥《とり》、畜類《ちくるい》に八千《せん》八度《たび》の更生《うまれかわり》を経《へ》て、又《また》、皆《みな》

第　八　章

第八章

出直《でなお》した後《あと》に、めざるが一匹残《ぴきのこ》った。その胎内《たいない》に、男《おとこ》五人《にん》女《おんな》五人《にん》と十人宛《にんずつ》宿《やど》り、五分《ぶ》から生《う》まれ、五分《ぶ》五分《ぶ》と成人《せいじん》して、八寸《すん》、一尺《しゃく》八寸《すん》、三尺《じゃく》となるうちに、泥海中《どろうみなか》に高低《たかひく》が出来《でき》かけ、次第《しだい》にかたまり、五尺《しゃく》の人間《にんげん》と成《な》った時《とき》に、天地海山《てんちうみやま》悉《ことごと》く出来上《できあが》り、空《そら》には日月《じつげつ》が輝《かがや》き、人《ひと》は皆《みな》、食物《しょくもつ》を求《もと》めて泳《およ》ぎ廻《まわ》った海中《かいちゅう》から、最寄《もよ》りの陸《りく》に上《あ》がって棲《す》む事《こと》となった。これまでの九億《おく》九万年《まんねん》が水中《すいちゅう》の住居《すまい》である。

陸《りく》に上《あ》がってから、六千年《せんねん》は智慧《ちえ》の仕込《しこ》み、三千九百九十九年《ぜんくひゃくくじゅうくねん》は文字《もじ》の仕込《しこ》みを受《う》けるうちに、旬刻限《しゅんこくげん》が到来《とうらい》して、元《もと》の理《り》を明《あ》かす日《ひ》が来《き》た。

かく教《おし》えるをやの魂《たましい》は、人間創造《にんげんそうぞう》の母胎《ぼたい》としてのいんねんある魂《たましい》、この所《ところ》は人間創造《にんげんそうぞう》の元のやしきである。親神《おやがみ》は、これを見澄《みす》ました上《うえ》、旬刻限《しゅんこくげん》の到来《とうらい》を待《ま》って、初《はじ》めて直々《じきじき》この世《よ》の表《おもて》に現《あら》われて出《で》た、と、世界《せかい》たすけのだめの教を創《はじ》める根本《こんぽん》の理《り》を明《あか》されたのが元《もと》の理《り》の大要《たいよう》であります。

我々人間《われわれにんげん》が生《う》まれて来《き》たのは何故《なぜ》であったかという人生《じんせい》の目的《もくてき》、即《すなわ》ち陽気ぐらしのために人間《にんげん》が創造《そうぞう》されたということ。

人間創造《にんげんそうぞう》に当《あ》たって親神様《おやがみさま》の十全《ぜん》の御守護《ごしゅご》をいただいたこと、逆《ぎゃく》に申《もう》すならば、身《み》上《じょう》は親神《おやがみ》よりのかりものであること。

このことを知《し》らず天理《てんり》にそむいた勝手気儘《かってきまま》な心《こころ》を使《つか》うことが前生《ぜんしょう》より持《も》ちこしの悪《あく》いんねんとなること。

今日《こんにち》まで生《うま》れ変《かわ》り出変《でかわ》りしてその生命《せいめい》は永遠《えいえん》であること。

世界《せかい》の人類《じんるい》にとって、その親《おや》は、その親里《おやさと》は一つであり、従《したが》って世界中《せかいじゅう》の人間《にんげん》は一列兄弟《れつきょうだい》であること等《など》、人生観《じんせいかん》にとって根本的《こんぽんてき》な諸問題《しょもんだい》が、この元《もと》の理《り》によって明《あき》らかに示《しめ》されているのであります。

おつとめは元《もと》の理《り》により、十柱《はしら》の神《かみ》の守護《しゅご》をかたどってつとめるのでありまして、これによって人間《にんげん》の生《うま》れかわりができるのであります。

これがたすけ一條の道《みち》であります。

即《すなわ》ち、生《うま》れかわることによりいんねんが納消《なっしょう》され、病《やまい》の根《ね》はきれるのであります。

本章《ほんしょう》にはかんろだいについて、ぢばについて、さらにまた、ぢばに神名《かみな》をさずけられたことについて書《か》かれていますが、これ全《すべ》てゆるぎない信仰《しんこう》に我々《われわれ》を導《みちび》こうとされる深《ふか》い親心《おやごころ》のあらわれであります。

とのよふな事をするのもみな月日
しんぢつよりのたすけ一ぢよ　六 130

と仰《おお》せられるように、教祖《おやさま》の尊《とうと》いひながたを、一貫《かん》する明《あか》るく暖《あたた》かく涯知《はてし》らぬたすけ一條の親心《おやごころ》を十分胸《ぶんむね》におさめて、

〝難《むつか》しい事《こと》は言《い》わん。難《むつか》しい事《こと》をせいとも、紋型無《もんかたな》き事《こと》をせいと言《い》わん。皆一《みなひと》つ〳〵のひながたの道《みち》がある。ひながたの道《みち》を通《とお》れんというような事《こと》ではどうもならん〟

（明治二二・一一・七）

と仰《おお》せくださるように、教祖《おやさま》が五十年《ねん》の年月《としつき》をかけて、我々《われわれ》にのこされたひながたの道《みち》を真剣《しんけん》に通《とお》らしていただかねばならぬ、いな通《とお》らしていただこうと存《ぞん》ずるのであります。

第九章

稿本教祖伝《こうほんきょうそでん》第九章《だいしょう》「御苦労《ごくろう》」について、お取次《とりつ》ぎさしていただきます。

教典《きょうてん》、教祖伝《きょうそでん》におきまして「御苦労《ごくろう》」というのは、特《とく》に教祖《おやさま》が警察《けいさつ》・監獄《かんごく》に御苦労《ごくろう》くださったことをいうのであります。

第九章《だいしょう》は、明治《めいじ》十五年《ねん》より十九年《ねん》に亙《わた》る間《あいだ》のひながたが書《か》かれてありますが、その中心《ちゅうしん》をなしているのが、教祖《おやさま》の警察《けいさつ》・監獄《かんごく》への御苦労《ごくろう》であります。

明治《めいじ》十五年《ねん》には、二月《がつ》と十月《がつ》と二回《かい》御苦労《ごくろう》していてくださるのであります。

特《とく》に、十月《がつ》の御苦労《ごくろう》は大変《たいへん》でございました。

十月《がつ》二十九日《にち》より十一月《がつ》九日《か》までの長《なが》い御苦労《ごくろう》でしたが、この間《かん》、教祖《おやさま》には、監獄署《かんごくしょ》のものは、水《みず》一滴《てき》も口《くち》になさらず、しかも元気《げんき》でお帰《かえ》りになりました。

教祖《おやさま》お帰《かえ》りの時《とき》は、お迎《むか》えの人力車《じんりきしゃ》は百五、六十台《だい》、人《ひと》は千数《すう》百人《にん》あった由《よし》です。

第九章

教祖《おやさま》の御一行《ごこう》は、奈良監獄署《ならかんごくしょ》へ送《おく》られる飯降伊蔵様《いぶりいぞうさま》と、丁度奈良《ちょうどなら》の文珠《もんじゅ》の前《まえ》で行《い》き違《ちが》ったのですが、この時伊蔵様《ときいぞうさま》は、大声《おおごえ》に、

「行《い》ってくるで。」

と云《い》われたのですが、その声《こえ》に応《おう》じて、娘《むすめ》のよしゑ様《さま》は、

「家《うち》の事《こと》は心配《しんぱい》いらぬさかえ、ゆっくり行《い》てきなはれ。」

と云《い》われたところ、伊蔵様《いぞうさま》は、大《おお》いに安心《あんしん》して悠々《ゆうゆう》と引《ひ》かれて行《い》かれたということであります。


さあ海越《うみこ》え山越《やまこ》え〳〵、あっちもこっちも天理王命《てんりおうのみこと》、響《ひび》き渡《わた》るで響《ひび》き渡《わた》るで。という親神様《おやがみさま》の御言葉《おことば》を信《しん》じ、殉教《じゅんきょう》の精神《せいしん》をもって如何《いか》なる節《ふし》の中《なか》も勇《いさ》んでお通《とお》りくださった先人《せんじん》の面影《おもかげ》、まことに躍如《やくじょ》たるものがあると申《もう》すべきでありましょう。

十五年《ねん》には、この他《ほか》いろいろ重大《じゅうだい》なことがありました。飯降伊蔵様御《いぶりいぞうさまご》一家《か》が、お屋敷《やしき》にふせこまれたのであります。はじめて、いわゆる道《みち》一條《じょう》の方《かた》が出来《でき》たのであります。

教祖《おやさま》の御満足《ごまんぞく》は如何《いか》ばかりであったでしょう。元治《がんじ》元年《がんねん》御入信《ごにゅうしん》以来《いらい》実《じつ》に十数年《すうねん》の歳《とし》月《つき》が流《なが》れているのであります。

ここに伊蔵様《いぞうさま》が、後《のち》に本席《ほんせき》の理《り》をいただかれるようになった理由《りゆう》があると申《もう》しても良《よ》いでありましょう。

またこの年《とし》には、二段《だん》までできていたかんろだいの石《いし》が取払《とりはら》われました。

これと立《た》て合《お》うて、

あしきをはらうてたすけせきこむ
いちれつすますかんろだい

の御言葉《おことば》が、

いちれつすましてかんろだい

と変《か》わったのであります。このことは一列《れつ》人間《にんげん》の心《こころ》のふしんをせきこまれる上《うえ》から、世《せ》界《かい》の人々《ひとびと》の心《こころ》をすますたすけ一條の上《うえ》に、積極的《せっきょくてき》に丹精《たんせい》せよという親心《おやごころ》がこめられていると悟《さと》らしていただくのであります。

第九章

またこの年《とし》におふでさきの御執筆《ごしっぴつ》が終《おわ》ったと推定《すいてい》されるのであります。

一七一一首《しゅ》のおふでさきは、

　これをはな一れつ心しやんたのむで　　一七　75

というお歌《うた》を以《もっ》て結《むす》んでいられるのでありますが、これは将来《しょうらい》おふでさきに照《てら》して、親神様《おやがみさま》の御心《おこころ》に従《したが》うよう、時旬《ときしゅん》を違《たが》えぬよう、よくよく思案《しあん》し、しっかり心《こころ》を定《さだ》めて、勇《いさ》んで陽気ぐらしをするようにと、親心《おやごころ》をもっていましめていられるのであります。

おふでさきがとまって以後《いご》は刻限刻限《こくげんこくげん》のお話《はなし》により、いわゆる「どろうみこふき」を中心《ちゅうしん》にお仕込《しこみ》くださったのであります。

また、この年《とし》は十月《がつ》十二日《にち》から十月《がつ》二十六日《にち》まで毎日毎日《まいにちまいにち》おつとめが行《おこ》なわれました。

なおこの年《とし》十一月《がつ》には、秀司先生《しゅうじせんせい》の奥様《おくさま》のまつゑ様《さま》が三十二歳《さい》で出直《でなお》されているのであります。

明治《めいじ》十六年《ねん》になると警察《けいさつ》は人《ひと》を寄《よ》せてはならぬと一層厳《そうきび》しい圧迫《あっぱく》を加《くわ》えて来《き》ましたが、中《なか》でも、もうすこしのことで、おふでさきを没収《ぼっしゅう》しかけられた三月《がつ》のふしは、全《まった》くひやっとする事件《じけん》でありました。

また、この年《とし》八月《がつ》十五日《にち》には、雨乞《あまごい》づとめが行《おこ》なわれました。

つとめの人衆《にんじゅう》は男女《だんじょ》とも、教祖《おやさま》のお召下《めしお》ろしの赤衣《あかき》を、差渡《さしわた》し三寸《ずん》の大《おお》きさに切《き》り、十二弁《べん》の縫取《ぬいと》りした紋《もん》を、背中《せなか》に縫《ぬ》いつけておりました。

先《ま》ず、三島領《しまりょう》の巽《たつみ》の角《すみ》から、

あしきをはらうて　どうぞ雨《あめ》をしっかりたのむ　天理王命《てんりおうのみこと》　なむ天理王命《てんりおうのみこと》　なむ天《てん》理王命《りおうのみこと》

繰《く》り返《かえ》し繰《く》り返《かえ》し、心《こころ》を合《あ》わせ精魂《せいこん》を打込《うちこ》んで勤《つと》めました。

次《つぎ》に坤《ひつじさる》の角《すみ》、つづいて乾《いぬい》の角《すみ》でおつとめをつとめたところ、墨《すみ》をすったような黒雲《くろくも》が東山《ひがしやま》の上《うえ》から忽《たちま》ちにして空《そら》一面《めん》に広《ひろ》がり、篠《しの》つくような大雨《おおあめ》が雷鳴《らいめい》さえもまじえて降《ふ》り出《だ》し、激《はげ》しい大夕立《おおゆうだち》となってきました。さらに艮《うしとら》の角《すみ》で、びしょ濡《ぬ》れのおつとめ着のまま、袂《たもと》に溜《たま》る雨水《あまみず》を打捨《うちす》て打捨《うちす》て勤《つと》めるという有様《ありさま》でした。

村人《むらびと》たちも大喜《おおよろこ》びで、おつとめをされた方々《かたがた》と皆揃《みなそろ》うてかんろだいの所《ところ》へ帰《かえ》ってきて、お礼《れい》の参拝《さんぱい》をしていると、丹波市《たんばいち》の分署《ぶんしょ》から巡査《じゅんさ》がかけつけ、おつとめをした人《ひと》をはじめ、教祖《おやさま》まで警察《けいさつ》に御苦労《ごくろう》くださることとなり、雨乞《あまごい》づとめをして、近村《きんそん》へ降《ふ》る雨《あめ》まで皆《みな》、三島村《しまむら》へ降《ふ》らせてしまったという理由《りゆう》により、水利妨害《すいりぼうがい》、また街道《かいどう》でつとめをしたから道路妨害《どうろぼうがい》、という名目《めいもく》で科料《かりょう》に処《しょ》せられたのであります。

この他《ほか》十六年《ねん》の夏《なつ》は、雨乞《あまごい》で大《たい》そう賑《にぎ》わいましたが、また取締《とりしま》りも厳《きび》しくなりました。

この年《とし》の秋《あき》には、四畳《じょう》、八畳《じょう》の二間《ま》のある御休息所《ごきゅうそくしょ》が完成《かんせい》しました。

ここは、教祖《おやさま》が明治《めいじ》二十年陰暦正月《ねんいんれきしょうがつ》二十六日《にちおんみ》御身をかくされるまでおいでになったところであります。

明治《めいじ》十七年《ねん》、十八年《ねん》と教線《きょうせん》の発展《はってん》するに伴《ともな》って、官憲《かんけん》の迫害《はくがい》は益々《ますます》きびしくなって参《まい》り、教祖《おやさま》の御苦労《ごくろう》はつづくのであります。

当時《とうじ》、人々《ひとびと》の胸中《きょうちゅう》には、教会《きょうかい》が公認《こうにん》されていないばっかりに、高齢《こうれい》の教祖《おやさま》に御苦労《ごくろう》をおかけすることになる。とりわけ、ここ両《りょう》三年来《ねんらい》、西《にし》も東《ひがし》も分《わか》らない道《みち》の子供《こども》たちの心《こころ》ない仕業《しわざ》がことごとく皆《みな》、教祖《おやさま》に御迷惑《ごめいわく》をおかけする結果《けっか》になっていることを思《おも》えば、このままでは何《なん》としても申訳《もうしわけ》がない。どうしても教会設置《きょうかいせっち》の手《て》つづきをしたい、との堅《かた》い決心《けっしん》が湧《わ》き起《おこ》ったのであります。

その結果《けっか》、いろいろ教会設置《きょうかいせっち》の運動《うんどう》がすすめられましたが、失敗《しっぱい》に失敗《しっぱい》を重《かさ》ねるのであります。それはあまりにも功《こう》をあせったために応法《おうぼう》の理《り》に流《なが》れすぎ、お道本来《みちほんらい》の姿《すがた》を見失《みうしな》うおそれがあったために、親神様《おやがみさま》が、差《さし》とめられたと悟《さと》らしていただくことができましょう。

さあ〳〵今《いま》なるしんばしらはほそいものやで、なれど肉《にく》の巻《ま》きよで、どんなゑらい者《もの》になるやわからんで。

という御言葉《おことば》をいただいて、一同《どう》がはっと気《き》づいたという逸話《いつわ》は、この間《かん》の消息《しょうそく》を物《もの》語《がた》るものでありましょう。

明治《めいじ》十九年《ねん》、教祖《おやさま》八十九歳《さい》の御時《おんとき》、二月《がつ》十八日《にち》心勇組《しんゆうぐみ》（のちの敷島大教会《しきしまだいきょうかい》）の連中《れんちゅう》が、お屋敷《やしき》へ参詣《さんけい》に来《き》て、十二下《くだ》りをつとめさしてくださいと御願《おねが》いしたが、お屋敷《やしき》では、もし十二下《くだ》りをつとめると、忽《たちま》ち教祖《おやさま》に御迷惑《ごめいわく》がかかるからと、断《ことわ》られたのであります。

ところが、心勇組《しんゆうぐみ》の連中《れんちゅう》は大変《たいへん》はりきっておりまして、それではというので、信徒《しんと》の宿泊所《しゅくはくしょ》になっていた門前《もんぜん》のとうふやの二階《かい》で、てをどりをはじめたのであります。

これがきっかけとなって教祖《おやさま》はじめ眞之亮様《しんのすけさま》その他《た》の方々《かたがた》が、御苦労《ごくろう》くださることになりました。

これが、最後《さいご》の御苦労《ごくろう》であります。

この時《とき》のことであります。徹夜《てつや》の取調《とりしら》べがすんで、まどろまれる暇《ひま》もなく、やがて夜《よ》が明《あ》けて、太陽《たいよう》が東《ひがし》の空《そら》に上《のぼ》りましたが、見張《みは》りの巡査《じゅんさ》は、うつらうつらと居眠《いねむ》りをしている。巡査《じゅんさ》の机《つくえ》の上《うえ》につけてあるランプは、なおも薄《うす》ぼんやりと灯《とも》りつづけている。

教祖《おやさま》は、つと立《た》って、ランプに近《ちか》づき、フッと灯《ひ》を吹《ふ》き消《け》された。この気配《けはい》に驚《おどろ》いて目《め》を醒《さ》ました巡査《じゅんさ》が、あわてて、「婆《ばあ》さん、何《なに》する。」となると、教祖《おやさま》は、にこにこなされて、

「お日様《ひさま》がお上《あが》りになって居《い》ますに、灯《ひ》がついてあります。勿体《もったい》ないから消《け》しまし

た。」

と、仰《おお》せられたのであります。

何《なん》という大《おお》きな明《あか》るくすんだ親心《おやごころ》でありましょう。

小《ちい》さい人《ひと》の世《よ》の争《あらそ》いには、全《まった》く超越《ちょうえつ》していられるのであります。

また、或《あ》る日《ひ》のこと、

「一ふし〳〵芽《め》が出《で》る、……」

とお言葉《ことば》が始《はじ》まりかけた。すると、巡査《じゅんさ》が、これ、娘《むすめ》、と怒鳴《どな》ったので、おひさ様《さま》がおばあさん、おばあさん、と止《と》めようとした途端《とたん》、教祖《おやさま》は、響《ひび》き渡《わた》るような凛《りん》とした声《こえ》で、

「この所《ところ》に、おばあさんは居《お》らん。我《われ》は天《てん》の将軍《しょうぐん》なり。」

と仰《おお》せられたのであります。

広《ひろ》きこと、はてしなき大海《たいかい》の如《ごと》く、しかも凛然《りんぜん》たること白雪《しらゆき》をいただく大山《たいざん》の如《ごと》きこの方《かた》こそ、神《かみ》と云《い》わずして何《なん》と申《もう》すべきでしょう。

「此処《このところ》、とめに来《く》るのは、埋《おぼ》りた宝《たから》を掘《ほ》りに来《く》るのや。」

第九章

「ふしから芽《め》が吹《ふ》く。」

と仰《おお》せられ、その時《とき》、その事柄《ことがら》に応《おう》じて、眼《め》の前《まえ》の出来事《できごと》の根柢《こんてい》にある、親神様《おやがみさま》の思召《めし》の真実《しんじつ》を説《と》き諭《さと》して、人々《ひとびと》の胸《むね》を開《ひら》きつつ、驚《おどろ》き迷《まよ》う人々《ひとびと》を勇《いさ》まし励《はげ》まして、どこまでも神《かみ》一條《じょう》の道《みち》を通《とお》られたのが教祖《おやさま》のひながたであります。

「ひながたの道《みち》を通《とお》らねばひながた要《い》らん。ひながたなおせばどうもなろうまい。……ひながたの道《みち》より道無《みちな》いで。」 （明治二二・一一・七）

というおさしづをよく心《こころ》に銘《めい》じ、日々《にちにち》しっかりひながたの道《みち》を、我《われ》と我《わ》が足《あし》でしっかりふましていただきたいと存《ぞん》じます。

第十章

稿本《こうほん》 教祖伝《きょうそでん》第《だい》十章《しょう》「扉《とびら》ひらいて」についてお取次《とりつぎ》さしていただきます。

明治《めいじ》十九年《ねん》もくれ、明《あ》けて二十年《ねん》一月《がつ》一日《たち》（陰暦《いんれき》十二月《がつ》八日《か》）の夕方《ゆうがた》に、教祖《おやさま》は風呂《ふろ》場《ば》からお出《で》ましのとき、ふとよろめかれた。

その時《とき》伺《うかが》うと、

「これは、世界《せかい》の動《うご》くしるしや。」

と仰《おお》せられたのであります。

一月《がつ》四日《か》、急《きゅう》にお身上《みじょう》が迫《せま》って来《き》たので、飯降伊蔵様《いぶりいぞうさま》を通《つう》じてうかがったところ、

〃さあ〳〵もう十分《ぶん》詰《つ》み切《き》った。これまで何《なに》よの事《こと》も聞《き》かせ置《お》いたが、すっきり分《わ》からん。何程《なにほど》言《い》うても分《わ》かる者《もの》は無《な》い。これが残念《ざんねん》。疑《うたご》うて暮《く》らし居《い》るがよく思案《しあん》せよ。

さあ神《かみ》が言《い》う事嘘《ことうそ》なら、四十九年前《ねんぜん》より今《いま》までこの道続《みちつづ》きはせまい。今《いま》までに言《い》うた

事見《ことみ》えてある。これで思《し》やんせよ。さあ、もうこのまゝ退《ひ》いて了《しま》うか、納《おさ》まって了《しま》うか〟

というお言葉《ことば》がありました。

この時《とき》、教祖《おやさま》は息《いき》をせられなくなり、お身上《みじょう》が急《きゅう》につめたくなりました。

これは、かねがねお急《せ》き込《こ》みのおつとめを、官憲《かんけん》の圧迫《あっぱく》のためとは申《もう》せ、手控《てびか》えしているのが間違《まちが》いであるということについてのきびしい、それこそ生命《いのち》がけの御仕込《おしこみ》であります。

これから、おつとめをつとめるということをめぐり、教祖《おやさま》の身上《みじょう》を台《だい》として親神様《おやがみさま》と人間《にんげん》との間《あいだ》に、いわば押問答《おしもんどう》がつづくのであります。

当時《とうじ》は、おつとめをつとめると、法律《ほうりつ》をたてにとって、警察《けいさつ》の取締《とりしま》りがすこぶるきびしかったのでありまして、理《り》一條《じょう》に立《た》ちきって、なんでもどうでもおつとめをつとめようとすると御老齢《ごろうれい》の教祖《おやさま》が警察《けいさつ》・監獄《かんごく》に御苦労《ごくろう》くださることになるという、理《り》と情《じょう》の板《いた》ばさみとなり、当時《とうじ》の先生方《せんせいがた》、殊《こと》に最《もっと》も責任《せきにん》の重《おも》いしんばしらの眞之亮様《しんのすけさま》は苦慮《くりよ》されたのであります。

眞之亮様《しんのすけさま》からついに思《おも》いあまって、親神《おやがみ》の仰《おお》せと国《くに》の掟《おきて》と両方《りようほう》の道《みち》の立《た》つように御《お》指図願《さしずねが》いますと願《ねが》うと、

〃分《わ》からんであるまい。元々《もともと》よりだん〳〵の道《みち》すがら。さあ〳〵今《いま》一時《じ》に通《とお》る処《ところ》、どうでもこうでも仕切《しき》る事情《じじよう》いかん。たゞ一時《じ》ならん〳〵。さあ今《いま》という〳〵前《ぜん》の道《みち》を運《はこ》ぶと一時《じ》々々〃

というきびしいお言葉《ことば》であります。即《すなわ》ち、今《いま》という今《いま》となっては、どうでも話通《はなしどお》りのことを、ともかくもやれ。何《なん》でもよいから、つとめをせよと強硬《きようこう》に、おつとめをつとめることをせいていられるのであります。即《すなわ》ち、親神様《おやがみさま》はどこまでも神《かみ》一條《じよう》の理《り》を立《た》ちきれというきびしい御仕込《おしこみ》なのですが、しかしまだちゅうちょしていられますと、

〃さあ〳〵月日《つきひ》がありてこの世界《せかい》あり、世界《せかい》ありてそれ〳〵あり、それ〳〵ありて身《み》の内《うち》あり、身《み》の内《うち》ありて律《りつ》あり、律《りつ》ありても心定《こころさだ》めが第《だい》一やで〃

という我々《われわれ》お道《みち》の者《もの》にとりまして、忘《わす》れることのできない大切《たいせつ》なお言葉《ことば》が下《くだ》りました。

第十章

第十章

この意味《いみ》は、
神様《かみさま》が先《ま》ず坐《おわ》して、この世界《せかい》が生《う》まれたのである。世界《せかい》が生《う》まれてから、そこに国々《くにぐに》があり、その中《なか》に人々《ひとびと》が居《お》り、その人々《ひとびと》が身体《からだ》を借《か》りている。その人間《にんげん》が住《す》み易《やす》いように申《もう》し合《あ》わせて作《つく》ったのが法律《ほうりつ》である。いかに法律《ほうりつ》ができても、それを活用《かつよう》するかいなかは、人《ひと》の心《こころ》にある。即《すなわ》ち、一番大切《ばんたいせつ》なのは心《こころ》である。この順序《じゅんじょ》を知《し》ったならば、しっかりと親神様《おやがみさま》の御話《おはなし》を聞《き》いて、真心《まごころ》、即《すなわ》ち親神様《おやがみさま》に通《つう》じる真《まこと》の心《こころ》を定《さだ》めることが何《なに》よりも大切《たいせつ》である、と教《おし》えられたのであります。

これに対《たい》して、眞之亮様《しんのすけさま》から、我我身《われわれみ》の内《うち》は承知仕《しょうちつかまつ》りましたが、教祖《おやさま》の御身《おんみ》の上《うえ》を心配仕《しんぱいつかまつ》ります。さあという時《とき》は、いかなる御利益《ごりやく》も下《くだ》されましょうか、とて、根本《こんぽん》の順序《じゅんじょ》の理《り》はよく分《わか》りましたが、今日《きょう》の教祖《おやさま》のお身上《みじょう》が心配《しんぱい》でなりません。さあと差《さし》迫《せま》った時《とき》には我々《われわれ》の心通《こころどお》りしっかりと踏《ふ》ん張《ば》ってくださいましょうか。と念《ねん》を押《お》した。

これに対《たい》して、

〝さあ〱実《じつ》があれば実《じつ》があるで。実《じつ》と言《い》えば知《し》ろまい。真実《しんじつ》というは火《ひ》、水《みず》、風《かぜ》〟

人《ひと》に真実《しんじつ》の心《こころ》があれば、親神《おやがみ》の真実《しんじつ》の守護《しゅご》がある。いよ〳〵という時《とき》は、親神《おやがみ》が引《ひ》きうける。この世界《せかい》の火《ひ》、水《みず》、風《かぜ》は皆《みな》、親神《おやがみ》の心《こころ》のままに司《つかさど》る処《ところ》である。と、あざやかに引《ひ》きうけられたのであります。

なおも押《お》しての願《ねがい》に対《たい》して、

〝さあ〳〵実《じつ》を買《か》うのやで。価《あたい》を以《もつ》て実《じつ》を買《か》うのやで〟

と、仰《おお》せられたのであります。

このお言葉《ことば》は、

真実《しんじつ》をもって買《か》うならば、真実《しんじつ》の守護《しゅご》を見《み》せてやろう、親神様《おやがみさま》の自由自在《じゆうようじざい》の守護《しゅご》を頂《いただ》くには、皆々《みなみな》が真心《まごころ》の限《かぎ》りを尽《つく》してことに当《あ》たるのが肝腎《かんじん》である、という意味《いみ》であります。

五十年《ねん》の長《なが》きにわたる教祖最後《おやさまさいご》の御仕込《おしこみ》とも申《もう》すべきこの御言葉《おことば》こそ、正《まさ》に信仰《しんこう》の真髄《しんずい》を示《しめ》すものとして、我々《われわれ》は肝《きも》に銘《めい》じて忘《わす》れないようにしなければなりません。

我々《われわれ》の信仰《しんこう》は、所謂《いわゆる》拝《おが》み祈禱《きとう》の信仰《しんこう》ではありません。真実《しんじつ》の価《あたい》を出《だ》して、真実《しんじつ》の御守《ごしゅ》

第十章

護《ご》をいただく証拠《しょうこ》信心《しんじん》であります。

その後《ご》、教祖《おやさま》の御身上《おみじょう》が一進《しん》一退《たい》する中《うち》に、二月《がつ》十八日《にち》、即《すなわ》ち、陰暦正月《いんれきしょうがつ》二十六日《にち》が参《まい》りました。

この日《ひ》は従来《じゅうらい》から毎月《まいつき》、おつとめをして来《き》た日《ひ》であるし、殊《こと》に教祖《おやさま》のお身上《みじょう》に関《かん》して、おつとめを御急《おせ》き込《こ》みになっている。近郷近在《きんごうきんざい》からは、多数《たすう》の参拝人《さんぱいにん》がつめかけている。これも官憲《かんけん》の目《め》は厳《きび》しく一つ間違《まちが》えば御身上中《ごみじょうちゅう》の教祖《おやさま》をも拘引《こういん》しかねない剣幕《けんまく》である。

人々《ひとびと》は、この板挟《いたばさ》みの中《なか》に立《た》って、思案《しあん》にくれた。そこで思召《おぼしめし》を伺《うかが》うと、

〝……さあ今《いま》の今《いま》、早《はや》くの処急《ところいそ》ぐ。さあという処《ところ》、応分《おうぶん》という処《ところ》あろう。待《ま》つという処《ところ》あろう。さあ〳〵一《ひと》つの処《ところ》、律《りつ》が、律《りつ》が怖《こ》わいか、神《かみ》が怖《こ》わいか、律《りつ》が怖《こ》わいか。この先《さき》どうでもこうでも成《な》る事《こと》なら、仕方《しかた》があるまい。前々《ぜんぜん》より知《し》らしてある。今《いま》という刻限《こくげん》、今《いま》の諭《さとし》じゃない。どういう処《ところ》の道《みち》じゃな、尋《たず》ぬる道《みち》じゃない。これ一《ひと》つで分《わ》かろう〟

という厳《きび》しいおつとめを急《せ》き込《こ》まれる御言葉《おことば》であります。

この御言葉《おことば》をいただいて、一同心《どうこころ》を定《さだ》めていると、その日《ひ》の正午頃《しょうごごろ》から、教祖《おやさま》の御《ご》身上《みじょう》がいよいよ迫《せま》ってきたので、一同全《どうまつた》く心定《こころさだ》まり、眞之亮様《しんのすけさま》からおつとめの時《とき》、もし警察《けいさつ》よりいかなる干渉《かんしょう》ありても、命捨《いのちす》ててもという心《こころ》の者《もの》のみおつとめせよ、と言《い》い渡《わた》した。一同意《どうい》を決《けつ》して、下着《したぎ》を重《かさ》ね足袋《たび》を重《かさ》ねて、拘引《こういん》を覚悟《かくご》の上《うえ》、午後《ごご》一時頃《じごろ》から鳴物《なりもの》も入《い》れて堂々《どうどう》とおつとめにとりかかったのであります。おつとめは、かんろだいを中《なか》に、囲《かこ》んでおこなわれました。この日《ひ》、おつとめの時刻《じこく》には参拝人《さんぱいにん》が非常《ひじょう》に多《おお》く、その数《かず》は数千《すう》に達《たつ》しましたので、つとめ場所《ばしょ》の南及東《みなみおよびひがし》には、濫《みだ》りに入《はい》り込《こ》まないよう竹《たけ》を横《よこ》たえて結界《けっかい》としたが、次々《つぎつぎ》とその数《かず》を増《ま》してくる参拝《さんぱい》の人《ひと》のため、遂《つい》にその竹《たけ》は細々《こまごま》に割《わ》れたということです。おつとめは午後《ごご》一時頃《じごろ》から始《はじ》まりましたが、とうとう巡査《じゅんさ》は一人《り》もきませんでした。

かくして、おつとめは無事《ぶじ》におわった。人々《ひとびと》にとってはこれこそ驚《おどろ》くべき奇蹟《きせき》でありました。しかし、これと立合《たてお》うて、陽気《ようき》な鳴物《なりもの》の音《おと》を満足気《まんぞくげ》に聞《き》いて居《お》られた教祖《おやさま》は、

第十章

第十章

丁度《ちょうど》「だいくのにんもそろひきた」という十二下《くだ》りの最後《さいご》のお歌《うた》がおわる頃《ころ》、眠《ねむ》るが如《ごと》く現身《うつしみ》をおかくしになった。時《とき》に御年《おんとし》九十歳《さい》でありました。

人々《ひとびと》は全《まった》く立《た》っている大地《だいち》が砕《くだ》け、日月《じつげつ》の光《ひかり》が消《き》えて、この世《よ》が真暗《まつくら》になったように感《かん》じたのも無理《むり》はありません。

教祖《おやさま》は、常《つね》に百十五歳定命《さいじょうみょう》と教《おし》えられ、余人《よじん》はいざしらず、教祖《おやさま》は必《かなら》ず百十五歳《さい》までおいで下《くだ》さるものと自《みずか》らも信《しん》じ、人《ひと》にも語《かた》ってきただけではなく、今日《きょう》は、こうしておつとめさして頂《いただ》いたのであるから、必《かなら》ずや御守護《ごしゅご》を頂《いただ》けるに違《ちが》いないと勇《いさ》み切《き》っていただけに、全《まった》く驚《おどろ》き、落胆《らくたん》し、人々《ひとびと》はみなうなだれてものをいう気力《きりょく》もなく、ひたすらに泣《な》き悲《かな》しんでいたが、これではならぬと気《き》を取直《とりなお》し、内蔵《うちぐら》の二階《かい》で飯降伊蔵様《いぶりいぞうさま》を通《つう》じてお指図《さしず》を願《ねが》うと、

〝さあ〳〵ろっくの地《ぢ》にする。皆々揃《みなみなそろ》うたか〳〵。よう聞《き》き分《わ》け。これまでに言《い》うた事《こと》、実《じつ》の箱《はこ》へ入《い》れて置《お》いたが、神《かみ》が扉開《とびらひら》いて出《で》たから、子供可愛《こどもかわ》い故《ゆえ》、をやの命《いのち》を二十五年先《ねんさき》の命《いのち》を縮《ちぢ》めて、今《いま》からたすけするのやで。しっかり見《み》て居《い》よ。今《いま》までとこ

れから先《さき》としっかり見《み》て居《い》よ。扉開《とびらひら》いてろっくの地《ぢ》にしようか、扉閉《とびらし》めてろっくの地《ぢ》に。扉開《とびらひら》いて、ろっくの地《ぢ》にしてくれ、と、言《い》うたやないか。思《おも》うようにしてやった。さあ、これまで子供《こども》にやりたいものもあった。なれども、ようやらなんだ。又《また》又《また》これから先《さき》だん〱に理《り》が渡《わた》そう。よう聞《き》いて置《お》け〟

というお言葉《ことば》がありました。

このお言葉《ことば》を聞《き》いて、一同《どう》はアッと思《おも》ったが、姿《すがた》をかくして後《のち》までも生《い》きて働《はたら》かれると聞《き》き、成程《なるほど》、左様《さよう》であるか、教祖《おやさま》は姿《すがた》をかくして後《のち》までも、一列《れつ》たすけのために存命《ぞんめい》のままお働《はたら》きくださるのか、それならば、と、一同《どう》の人々《ひとびと》は安堵《あんど》の胸《むね》をなで下《おろ》したのであります。

教祖《おやさま》の魂《たましい》は今《いま》なお、元のやしきにとどまっていられるのであります。即《すなわ》ち日々《にちにち》に現《あら》われてくるふしぎなたすけこそ、教祖《おやさま》が生《い》きて働《はたら》いていられる証拠《しょうこ》であります。

教祖存命《おやさまぞんめい》の理《り》をよく心《こころ》に治《おさ》め、日々勇《にちにちいさ》んで教祖《おやさま》のひながたをふみたすけ一條の上《うえ》にしっかり丹精《たんせい》さしていただきたいと存《ぞん》じます。

第十章

第十章

たすけ一條、これほど尊《とうと》い仕事《しごと》はなく、また、これほどいついつまでもつづく道《みち》はないのであります。

我々《われわれ》はよふぼくとしてたすけ一條の上《うえ》につとめさしていただくようにお引寄《ひきよ》せいただいた喜《よろこ》びを忘《わす》れることなく、しっかり陽気ぐらしの世界建設《せかいけんせつ》のためにつとめさしていただきましょう。

長《なが》らくおつき合《あ》いいただきました教祖伝《きょうそでん》について、お話《はなし》を終《お》わるに当《あ》たりまして、教祖《おやさま》五十年《ねん》のひながたは、要《よう》するに、どこまでも神《かみ》一條《じょう》の理《り》を立《た》てきられた生涯《しょうがい》であり、同時《どうじ》にどこまでも世界《せかい》のこども可愛《かわ》いという親心《おやごころ》に徹《てつ》しきられた生涯《しょうがい》であったということを、既《すで》に御承知《ごしょうち》のことと思《おも》いますが、一言《ごん》つけ加《くわ》えさしていただきたいと存《ぞん》じます。